Reflexion über Sprache

34 Arbeitsblätter

mit didaktisch-methodischen Kommentaren

Arbeitsblätter

Reflexion über Sprache
Bedeutung, Sprache, Denken

34 Arbeitsblätter
mit didaktisch-methodischen Kommentaren

Sekundarstufe II

von
Josef Häfele/Hans Stammel

Ernst Klett Schulbuchverlag Leipzig
Leipzig Stuttgart Düsseldorf

Der Verlag hat sich nach bestem Wissen und Gewissen bemüht, alle Inhaber von Urheberrechten an Beiträgen zu diesem Werk ausfindig zu machen. Sollte das in irgendeinem Fall nicht korrekt geschehen sein, bitten wir um Entschuldigung und bieten an, ggf. in einer nachfolgenden Auflage einen korrigierten Quellennachweis aufzunehmen.

Bibliografische Information Der Deutschen Bibliothek
Die Deutsche Bibliothek verzeichnet diese Publikation in der Deutschen Nationalbibliografie; detaillierte bibliografische Daten sind im Internet über http://dnb.ddb.de abrufbar.

1. Auflage 1 9 8 7 6 5 | 2012 2011 2010 2009 2008

Dieses Werk folgt der reformierten Rechtschreibung und Zeichensetzung.
Ausnahmen bilden Texte, bei denen künstlerische, philologische oder lizenzrechtliche Gründe einer Änderung entgegenstehen.
Alle Drucke dieser Auflage können im Unterricht nebeneinander benutzt werden, sie sind untereinander unverändert. Die letzte Zahl bezeichnet das Jahr dieses Druckes.

Internetadresse: http://www.klett-verlag.de
E-Mail: klett-kundenservice@klett-mail.de

Umschlaggestaltung: BSS Werbeagentur Sachse und Partner, Bietigheim
Druck und Bindung: Wilhelm Röck, Weinsberg
Printed in Germany.
ISBN 3-12-927426-X

Teil I: Die Gebrauchstheorie Wittgensteins

Die Gegenstandstheorie der Bedeutung

Die Gebrauchstheorie der Bedeutung

Sprache und Erkennen

Die „Ungenauigkeit“ der Sprache

Inhalt

Die Vorstellungstheorie der Bedeutung

Sprache und Denken

Teil II: Denken ohne Sprache

Was ist Denken?

Sprachunabhängigkeitstheorien

M1

Augustinus:
Wie das Kind die Sprache lernt

Augustinus (354–430) war ursprünglich Lehrer der Rhetorik, trat nach langer und wechselvoller geistiger Entwicklung zum Christentum über und wurde Bischof in der afrikanischen Stadt Hippo. In seiner Autobiographie ‚Confessiones' geht er bei der Beschreibung seiner Kindheit auch auf die Art und Weise des Spracherwerbs ein.

Nannten die Erwachsenen irgendeinen Gegenstand und wandten sich dabei ihm zu, so nahm ich das wahr, und ich begriff, daß der Gegenstand durch die Laute, die sie aussprachen, bezeichnet wurde, da sie auf ihn hinweisen wollten. Dies aber entnahm ich aus ihren Gebärden, der natürlichen Sprache aller Völker, der Sprache, die durch Mienen- und Augenspiel, durch die Bewegungen der Glieder und den Klang der Stimme die Empfindungen der Seele anzeigt, wenn diese irgend etwas begehrt, oder festhält, oder zurückweist, oder flieht. So lernte ich nach und nach verstehen, welche Dinge die Wörter bezeichneten, die ich wieder und wieder, an ihren bestimmten Stellen in verschiedenen Sätzen, aussprechen hörte. Und ich brachte, als nun mein Mund sich an diese Zeichen gewöhnt hatte, durch sie meine Wünsche zum Ausdruck.

Zitiert nach Ludwig Wittgenstein, Philosophische Untersuchungen, © Suhrkamp Verlag, Frankfurt/Main 1971, S. 15

Arbeitshinweise:
1. Nach welcher Methode lehren die Älteren die Kinder die Sprache?
2. Wann hat ein Kind die Bedeutung eines Wortes verstanden?
3. Welche grundlegende Funktion haben nach dieser Auffassung die Wörter der Sprache?
4. Worin besteht folglich die Bedeutung eines Wortes?

M2

Stehen Wörter für Gegenstände?

(1) An meinem Geburtstag ...
(2) Ich gehe mit ihm ins Haus.
(3) Er hat kein Haus.
(4) Paula verbrannte seine Briefe.
(5) Peter ist gestorben.
(6) Das Bier, das ich gestern bei Ihnen getrunken habe, war mir zu herb.
(7) Geht er mit ihm ins Haus?
(8) Geh mit ihm ins Haus!
(9) Hallo!
(10) Ätsch!

Arbeitshinweise:
1. Bestimmen Sie, für welche Gegenstände die unterstrichenen Sätze oder Satzteile stehen.
2. Bleiben die Gegenstände identisch, wenn ein anderer die Sätze (1)–(3) äußert?
3. Was lässt sich über die Gegenstände bei den Sätzen (4)–(10) sagen?
4. Formulieren Sie, welche Probleme die Gegenstandstheorie der Bedeutung aufwirft.

Ludwig Wittgenstein: Philosophische Untersuchungen

Ludwig Wittgenstein (1889–1951) wird von vielen für den bedeutendsten Philosophen dieses Jahrhunderts gehalten. Nach Wittgenstein gehen die philosophischen Probleme auf sprachliche Verwirrung und Unklarheit zurück. Damit die philosophischen Probleme verschwinden, widmet er sich der Klärung unseres Sprachgebrauchs.

28. Man kann nun einen Personennamen, ein Farbwort, einen Stoffnamen, ein Zahlwort, den Namen einer Himmelsrichtung etc. hinweisend definieren. Die Definition der Zahl Zwei „Das heißt ‚zwei'" – wobei man auf zwei Nüsse zeigt – ist vollkommen exakt. – Aber wie kann man denn die Zwei so definieren? Der, dem man die Definition gibt, weiß ja dann nicht, was man mit „zwei" benennen will; er wird annehmen, daß du *diese* Gruppe von Nüssen „zwei" nennst! – Er *kann* dies annehmen; vielleicht nimmt er es aber nicht an. Er könnte ja auch, umgekehrt, wenn ich dieser Gruppe von Nüssen einen Namen beilegen will, ihn als Zahlnamen mißverstehen. Und ebensogut, wenn ich einen Personennamen hinweisend erkläre, diesen als Farbnamen, als Bezeichnung der Rasse, ja als Namen einer Himmelsrichtung auffassen. Das heißt, die hinweisende Definition kann in *jedem* Fall so und anders gedeutet werden.

29. Vielleicht sagt man: die Zwei kann nur so hinweisend definiert werden: „Diese Zahl heißt ‚zwei'." Denn das Wort „Zahl" zeigt hier an, an welchen *Platz* der Sprache, der Grammatik, wir das Wort setzen. Das heißt aber, es muß das Wort „Zahl" erklärt sein, ehe jene hinweisende Definition verstanden werden kann. Das Wort „Zahl" in der Definition zeigt allerdings diesen Platz an; den Posten, an den wir das Wort stellen. Und wir können so Mißverständnissen vorbeugen, indem wir sagen: „Diese *Farbe* heißt so und so", „Diese *Länge* heißt so und so", usw. Das heißt: Mißverständnisse werden manchmal so vermieden. Aber läßt sich denn das Wort „Farbe", oder „Länge" nur so auffassen? – Nun, wir müssen sie eben erklären. – Also erklären durch andere Wörter! Und wie ist es mit der letzten Erklärung in dieser Kette? (Sag nicht „Es gibt keine ‚letzte' Erklärung". Das ist gerade so, als wolltest du sagen: „Es gibt kein letztes Haus in dieser Straße; man kann immer noch eines dazubauen.")

31. Wenn man jemandem die Königsfigur im Schachspiel zeigt und sagt „Das ist der Schachkönig", so erklärt man ihm dadurch nicht den Gebrauch dieser Figur, – es sei denn, daß er die Regeln des Spiels schon kennt, bis auf diese letzte Bestimmung: die Form einer Königsfigur. [...]
Man kann sich aber auch denken, Einer habe das Spiel gelernt, ohne je Regeln zu lernen, oder zu formulieren. Er hat etwa zuerst durch Zusehen ganz einfache Brettspiele gelernt und ist zu immer komplizierteren fortgeschritten. Auch diesem könnte man die Erklärung geben: „Das ist der König" – wenn man ihm z. B. Schachfiguren von einer ihm ungewohnten Form zeigt. Auch diese Erklärung lehrt ihn den Gebrauch der Figur nur darum, weil, wie wir sagen könnten, der Platz schon vorbereitet war, an den sie gestellt wurde. Oder auch: Wir werden nur dann sagen, sie lehre ihn den Gebrauch, wenn der Platz schon vorbereitet ist. [...]
Betrachte noch diesen Fall: Ich erkläre jemandem das Schachspiel; und fange damit an, indem ich auf eine Figur zeige und sage: „Das ist der König. Er kann so und so ziehen, etc. etc." – In diesem Fall werden wir sagen: die Worte „Das ist der König" (oder „Das heißt ‚König'") sind nur dann eine Worterklärung, wenn der Lernende schon ‚weiß, was eine Spielfigur ist'. Wenn er also etwa schon andere Spiele gespielt hat, oder dem Spielen Anderer ‚mit Verständnis' zugesehen hat – *und dergleichen*. Auch nur dann wird er beim Lernen des Spiels relevant fragen können: „Wie heißt das?" – nämlich, diese Spielfigur. Wir können sagen: Nach der Benennung fragt nur der sinnvoll, der schon etwas mit ihr anzufangen weiß. [...]

32. Wer in ein fremdes Land kommt, wird manchmal die Sprache der Einheimischen durch hinweisende Erklärungen lernen, die sie ihm geben; und er wird die Deutung dieser Erklärungen oft *raten* müssen und manchmal richtig, manchmal falsch raten. Und nun können wir, glaube ich, sagen: Augustinus beschreibe das Lernen der menschlichen Sprache so, als käme das Kind in ein fremdes Land und verstehe die Sprache des Landes nicht; das heißt: so als habe es bereits eine Sprache, nur nicht diese. Oder auch: als könne das Kind schon *denken*, nur noch nicht sprechen. Und „denken" hieße hier etwas, wie: zu sich selber reden.

Aus: Ludwig Wittgenstein, Philosophische Untersuchungen,

Arbeitshinweise:

1. Beschreiben Sie die Schwierigkeiten, die sich für ein Kind ergeben, wenn ihm ein Wort durch hinweisende Definition beigebracht wird.
2. Inwiefern ist die Situation des Kleinkindes beim Erlernen der Sprache der des Lernenden in Wittgensteins Schachspiel ähnlich?
3. Erklären Sie die Fehler, die Augustinus bei seiner Theorie über den Erwerb der Sprache macht.

K. T. Fann: Über Wittgenstein

Nehmen wir an, die Sprache sollte der Verständigung zwischen einem Bauenden A und einem Gehilfen B dienen. A führt einen Bau aus aus Bausteinen, und B soll die Steine in der Reihenfolge, wie A sie braucht, zureichen. Zu diesem Zweck verwenden sie eine Sprache, die aus den Wörtern „Würfel", „Säule", „Platte", „Balken" besteht. A ruft sie aus – B hat gelernt, sie auf diese Rufe hin zu bringen. Die Augustinische Konzeption der Sprache als aus Namen bestehend wäre eine angemessene Beschreibung dieses speziellen Verständigungssystems; nur ist nicht alles, was wir Sprache nennen, dieses System. „Es ist", wie Wittgenstein sagt, „als erklärte jemand: ‚Spielen besteht darin, daß man Dinge, gewissen Regeln gemäß, auf einer Fläche verschiebt ...' – und wir würden ihm antworten: Du scheinst an die Brettspiele zu denken; aber das sind nicht alle Spiele" (P. U. § 3).
Eng mit der Augustinischen Sprachkonzeption verknüpft ist die Ansicht, daß eine „hinweisende" Definition der grundlegende Akt ist, durch den die Bedeutung eines Wortes vermittelt wird. Es wird allgemein angenommen, daß die „Erklärung der Bedeutung eines Wortes" grob gesprochen aus einer Definition in Worten und einer hinweisenden Definition besteht. Die Definition in Worten kommt in bestimmtem Sinn nicht weiter, weil sie uns von einem sprachlichen Ausdruck zum anderen führt. Daher beruht letztlich alles Erlernen von Bedeutungen auf einer hinweisenden Definition, die eine direkte Beziehung zwischen der Bedeutung und dem Wort herstellt.
Dagegen bringt Wittgenstein erstens vor, daß es für viele Wörter in unserer Sprache offenbar keine hinweisende Definition gibt; z. B. für Wörter wie „Zahl", „nicht", „dennoch", etc. (B. B. S. 16). Es ist richtig, daß in dem Sprachspiel des Bauenden ein wichtiger Teil des Unterrichts daraus bestehen wird, daß der Lehrer auf Gegenstände zeigt, des Gehilfen Aufmerksamkeit darauf lenkt und gleichzeitig ein Wort ausspricht, wie etwa „Platte". Von diesem hinweisenden Lehren von Wörtern läßt sich sagen, daß es eine assoziative Verbindung zwischen dem Wort und dem Ding herstellt. „... Dies half wohl das hinweisende Lehren herbeiführen; aber doch nur zusammen mit einem bestimmten Unterricht. Mit einem anderen Unterricht hätte dasselbe hinweisende Lehren dieser Wörter ein ganz anderes Verständnis bewirkt" (P. U. § 6). D. h., eine hinweisende Definition läßt sich nur im Rahmen eines bestimmten Zusammenhangs verstehen. In anderen Zusammenhängen und mit anderem Unterricht läßt sich die Erklärung eines Wortes, z. B. „TOFF" (indem man auf einen Bleistift hindeutet und sagt: „Das ist ‚TOFF'"), auf verschiedene Weise deuten: „Das ist ein Bleistift", „Das ist rund", „Das ist rot", „Das ist Holz", „Das ist hart", „Das ist eins", etc. etc. (B. B. S. 17). Eine hinweisende Definition kann immer mißverstanden werden, sie setzt einen Zusammenhang und Unterricht voraus. „Man könnte also sagen: Die hinweisende Definition erklärt den Gebrauch – die Bedeutung – des Wortes, wenn es schon klar ist, welche Rolle das Wort in der Sprache überhaupt spielen soll" (P. U. § 30).
Betrachten wir nun eine Erweiterung der Sprache des Bauenden. Neben den vier Wörtern „Würfel", „Säule" etc. soll sie Zahlwörter, Farbnamen und zwei andere Wörter, nämlich „dorthin" und „dieses" enthalten. Jetzt ist der Bauende in der Lage, seinem Gehilfen kompliziertere Befehle zu geben, wie etwa: „5 rote Platten dorthin!" Beim Erlernen dieser Sprache muß der Gehilfe die Reihe der Zahlwörter 1, 2, 3, ... auswendig lernen. Wird bei diesem Unterricht ein hinweisendes Lehren vorkommen? Nun, in gewissem Sinne schon. Es wird z. B. auf Platten gewiesen und gezählt werden: „1, 2, 3 Platten." Mehr Ähnlichkeit mit dem hinweisenden Lehren der Wörter „Würfel", „Säule", etc. hätte das hinweisende Lehren von Zahlwörtern, die nicht zum Zählen dienen, sondern zur Bezeichnung von mit dem Auge erfaßbaren Gruppen von Dingen.
Wie steht es aber mit „dorthin" und „dieses"? Werden sie auch hinweisend gelehrt? Strengen wir unsere Phantasie etwas an, so können wir sagen, daß einiges hinweisendes Lehren wohl dabeisein wird, weil man den Gebrauch dieser Wörter dadurch lehren könnte, daß man auf Örter und Dinge zeigt. Aber „hier geschieht ja dieses Zeigen auch im *Gebrauch* der Wörter und nicht nur beim Lernen des Gebrauchs" (P. U. § 9), weil die zeigende Handbewegung zusammen mit dem gezeigten Gegenstand *anstelle* des Wortes verwendet werden kann.
Fügen wir nun dem beschriebenen Sprachspiel noch zwei Wörter, „jetzt" und „später" hinzu und lehren wir den Gehilfen, Befehle wie „Jetzt fünf rote Backsteine dorthin!" ausführen. Ein Teil des Unterrichts mag darin bestehen, daß man den Gehilfen zur Ausführung seiner Arbeit körperlich heranzieht, wenn man die Backsteine *jetzt* will, und ihn zurückhält, wenn man sie *später* will. Es könnte sein, daß bei diesem Unterricht gar kein *Zeigen* vorkommt. Bestehen wir immer noch darauf, daß „jetzt" und „später" zeigend gelehrt werden? „Was *bezeichnen* nun die Wörter dieser Sprache? – Was sie bezeichnen, wie soll sich das zeigen, es sei denn in der Art ihres Gebrauchs? Und den haben wir ja beschrieben. Der Ausdruck ‚dieses Wort bezeichnet *das*' müßte also ein Teil dieser Beschreibung werden. Oder: die Beschreibung soll auf die Form gebracht werden ‚das Wort ... bezeichnet ...' ... Aber dadurch, daß man so die Beschreibungen des Gebrauchs der Wörter einander ähnelt, kann doch dieser Gebrauch nicht

ähnlicher werden! Denn wie wir sehen, ist er ganz und gar ungleichartig" (P. U. § 10).
Vergleiche z. B. die Art und Weise, in der das Wort „fünf" gebraucht wird, mit der Art und Weise, in der das Wort „Platte" gebraucht wird, und dann mit der Art und Weise, in der „dorthin" und „jetzt" in dem zur Debatte stehenden Sprachspiel gebraucht werden. Der Unterschied wird deutlich, wenn wir die verschiedenen Weisen des Vorgehens beim Lehren des Gebrauchs dieser Wörter mit den verschiedenen Tätigkeiten vergleichen, die mit ihrer Hilfe ausgeführt werden. Eben aus diesem Grund stellen wir uns verschiedene Sprachspiele vor und beschreiben sie.

Aus: K. T. Fann, Die Philosophie Ludwig Wittgensteins, © Paul List Verlag, München 1971, S. 67 ff.

Arbeitshinweise:

1. Unter welchen Umständen lässt sich die Bedeutung von Wörtern wie „Platte" und „Balken" durch eine hinweisende Definition erlernen?
2. Warum kann die Bedeutung von Wörtern aber nicht grundsätzlich durch eine hinweisende Definition erlernt werden? Erläutern Sie dies an den Wörtern „TOFF", „dorthin" und „jetzt"!

Spielanweisung:

Spracherwerb in einer fremden Welt

Im folgenden Spiel sollen Sie einige Wörter einer fremden Sprache lernen, ohne dass Sie dabei ein Wörterbuch benutzen können und ohne dass Ihnen dabei irgendwelche sprachlichen Erklärungen gegeben werden. Sie können auch keine Fragen nach der Bedeutung stellen. Ihre Situation ist vergleichbar mit der eines Kleinkindes im Spracherwerb.

Die Situation:
Seit langem wird vermutet, dass in einer bestimmten Gegend von Neu-Guinea ein Volksstamm in den Urwäldern lebt, der noch nie mit der Außenwelt in Berührung gekommen ist. Man vermutet, dass dort eine völlig andere Kultur herrscht und dass die Menschen dort ein ganz anderes Bild von der Erde haben.
Ein europäisches Forscherteam dringt in den Busch vor und trifft auf eine Gruppe Eingeborener. Um die Kultur der Einheimischen angemessen erforschen bzw. verstehen zu können, müssen die Europäer die Sprache des Stammes zumindest teilweise lernen. Es geht vor allem um drei Wörter: *ixala*, *uxala* und *exali*.

Rollenverteilung:
1. Spielleiter
2. Europäer
3. Ein Einheimischer

Spielregel:
1. Der Einheimische versucht, den Europäern den Gebrauch der Wörter zu erklären (Der Spielleiter teilt ihm vorher die deutschen Übersetzungen mit). Der Einheimische darf keine deutschen oder anderswie verständlichen sprachlichen Erklärungen geben. Zwischen ihm und den Europäern kann keine sprachliche Verständigung möglich sein. Der Einheimische darf nur Wörter aussprechen und auf entsprechende Gegenstände zeigen. Auch Gegenbeispiele, z. B. für *Nicht-ixala*, dürfen gezeigt werden, wobei der Einheimische auf das Beispiel zeigt, den Kopf schüttelt und *nono-ixala* ausspricht.
2. Die europäischen Forscher schreiben nach jedem Beispiel auf, welche Bedeutung das fremde Wort haben kann. Der Einheimische wartet so lange. Nach jedem weiteren Beispiel grenzen die Forscher die Möglichkeiten genauer ein. Glaubt ein Forscher den Gebrauch des Wortes zu kennen, klatscht er in die Hände. Er darf jetzt das Wort selbstständig auf andere Beispiele anwenden. Der Einheimische bejaht oder verneint durch Nicken oder Kopfschütteln. Werden mindestens drei Beispiele bejaht, so kann davon ausgegangen werden, dass der Gebrauch des Wortes erfasst ist. Jetzt kann der erfolgreiche Forscher seinen Kollegen die deutsche Übersetzung mitteilen.

Ludwig Wittgenstein: Philosophische Untersuchungen

208. Wie erkläre ich jemandem die Bedeutung von „regelmäßig", „gleichförmig", „gleich"? – Einem der, sagen wir, nur Französisch spricht, werde ich diese Wörter durch die entsprechenden französischen erklären. Wer aber diese *Begriffe* noch nicht besitzt, den werde ich die Worte durch *Beispiele* und durch *Übung* gebrauchen lehren. – Und dabei teile ich ihm nicht weniger mit, als ich selber weiß.
Ich werde ihm also in diesem Unterricht gleiche Farben, gleiche Längen, gleiche Figuren zeigen, ihn sie finden und herausstellen lassen usw. Ich werde ihn etwa dazu anleiten, Reihenornamente auf einen Befehl hin ‚gleichmäßig' fortzusetzen – Und auch dazu, Progressionen fortzusetzen. Also etwa. .. ... so fortzufahren: ....
Ich mach's ihm vor, er macht es mir nach; und ich beeinflusse ihn durch Äußerungen der Zustimmung, der Ablehnung, der Erwartung, der Aufmunterung. Ich lasse ihn gewähren, oder halte ihn zurück; usw.

28. Man kann nun einen Personennamen, ein Farbwort, einen Stoffnamen, ein Zahlwort, den Namen einer Himmelsrichtung, etc. hinweisend definieren. Die Definition der Zahl Zwei „Das heißt ‚zwei'" – wobei man auf zwei Nüsse zeigt – ist vollkommen exakt. – Aber wie kann man denn die Zwei so definieren? Der, dem man die Definition gibt, weiß ja dann nicht, *was* man mit „zwei" benennen will; er wird annehmen, daß du *diese* Gruppe von Nüssen „zwei" nennst! – Er *kann* dies annehmen; vielleicht nimmt er es aber nicht an. Er könnte ja auch, umgekehrt, wenn ich dieser Gruppe von Nüssen einen Namen beilegen will, ihn als Zahlnamen mißverstehen. Und ebensogut, wenn ich einen Personennamen hinweisend erkläre, diesen als Farbnamen, als Bezeichnung der Rasse, ja als Namen einer Himmelsrichtung auffassen. Das heißt, die hinweisende Definition kann in *jedem* Fall so und anders gedeutet werden.

72. *Das Gemeinsame sehen.* Nimm an, ich zeige jemand verschiedene bunte Bilder, und sage: „Die Farbe, die du in allen siehst, heißt ‚Ocker'." – Das ist eine Erklärung, die verstanden wird, indem der Andere aufsucht und sieht, was jenen Bildern gemeinsam ist. Er kann dann auf das Gemeinsame blicken, darauf zeigen.
Vergleiche damit: Ich zeige ihm Figuren verschiedener Form, alle in der gleichen Farbe gemalt und sage: „Was diese miteinander gemein haben, heißt ‚Ocker'."
Und vergleiche damit: Ich zeige ihm Muster verschiedener Schattierungen von Blau und sage: „Die Farbe, die allen gemeinsam ist, nenne ich ‚Blau'."

381. Wie erkenne ich, daß diese Farbe rot ist? – Eine Antwort wäre: „Ich habe Deutsch gelernt."

Aus: Ludwig Wittgenstein, Philosophische Untersuchungen,

Arbeitshinweise:
1. Warum kann man die Muttersprache nicht wie eine Fremdsprache lehren bzw. lernen?
2. Beschreiben Sie die Schwierigkeiten, die beim Lehren mit Hilfe einer hinweisenden Definition auftreten. Wie werden diese Schwierigkeiten überwunden?
3. Wann beherrscht ein Kind die Gebrauchsregel eines Wortes?
4. Wieso können wir unterscheiden, z. B. Farben?

Franz Kutschera: Über Wittgensteins Bedeutungstheorie

Für Wittgenstein wird ein Wort dadurch bedeutungsvoll, daß es in einem Sprachspiel eine bestimmte Funktion hat, daß es in diesem Sprachspiel in einer bestimmten Weise und zu einem bestimmten Zweck gebraucht wird. Damit ein Wort bedeutungsvoll ist, braucht es nach Wittgenstein also nicht etwas geben, das die Bedeutung dieses Wortes ist. In diesem Sinn sagt Wittgenstein: „Don't look for the meaning, look for the use!", d. h. wenn man verstehen und erklären will, was ein Wort bedeutet, so soll man nicht nach konkreten oder abstrakten Entitäten Ausschau halten, die dem Worte zugeordnet sind, die es bezeichnet, sondern man soll nachsehen, wie das Wort verwendet wird. Es ist nicht nur so, daß wir über die Bedeutung eines Wortes allein aus seiner Verwendung Aufschluß erhalten, sondern die Bedeutung ist gar nichts anderes als der Gebrauch des Wortes; neben dem Gebrauch gibt es nichts anderes, worin die Bedeutung des Wortes besteht. Nach Wittgenstein kann man „für eine große Klasse von Fällen der Benützung des Wortes ‚Bedeutung' – wenn auch nicht für alle Fälle seiner Benützung – dieses Wort so erklären: Die Bedeutung eines Wortes ist sein Gebrauch in der Sprache". Diese Identifikation von Bedeutung und Gebrauch illustriert Wittgenstein [...] durch den Hinweis auf die Bedeutung nichtsprachlicher Zeichen, wie z. B. eines Pfeils als Wegweiser: Der Pfeil „→" bedeutet nicht einen Sachverhalt, eine Vorschrift, eine Richtung oder dergleichen, sondern er wird so angebracht, daß man zum Ziel gelangt, wenn man ihm folgt. Dieser Gebrauch ist es, der den Pfeil zum bedeutungsvollen Zeichen macht, eine Bedeutungsentität, die dem Pfeil als Zeichen kraft Konvention zugeordnet wird, braucht man daneben nicht anzunehmen. [...]

Die Identifizierung von Gebrauch und Bedeutung bedarf aber doch noch weiterer Erläuterungen und Unterscheidungen, bevor man sie als eine systematische Grundbestimmung der Semiotik akzeptieren kann: [...]

Zunächst ist hervorzuheben, daß Wittgenstein den Gebrauch eines Wortes nicht im Sinne der behavioristischen Semiotik auffaßt als Disposition, das Wort unter gewissen Bedingungen auszusprechen, bzw. darauf in gewisser Weise zu reagieren. Für Wittgenstein ist „Gebrauch" kein behavioristischer Terminus.

Der Gebrauch eines Wortes wird auch nicht dadurch bestimmt, daß man die Fälle seiner Verwendung aufzählt und berichtet, daß der und der dann und dann in der und der Situation das Wort gebraucht hat, d. h. mit dem „Gebrauch" ist nicht eine *Menge von Gebrauchsinstanzen* gemeint, sondern die *Art und Weise des Gebrauchs*. Diese Art und Weise der Verwendung läßt sich bestimmen durch allgemeine Regeln für die Verwendung, die besagen, daß das Wort in Fällen der und der Art gebraucht wird. Es ist eine wichtige Leistung der Sprache, daß man mit ihr neue Sachverhalte mitteilen kann. Wie die Sprache dabei zu verwenden ist, d. h. welche Bedeutung die Sätze dabei haben, ergibt sich aber nicht aus historischen Instanzen der Sprachverwendung, die für neue Sachverhalte ja nicht einschlägig sind, sondern nur aus allgemeinen, auch hier anwendbaren Gebrauchsregeln.

Die Rede vom Gebrauch der Wörter bezieht sich auch nicht auf irgendwelche faktisch vorkommenden, sondern auf die im Sinne eines sprachlichen Standards *korrekten* Gebrauchsweisen der Wörter. Wenn man die Bedeutung eines Wortes mit seinem Gebrauch identifizieren will, so muß man sich auf die eindeutigen Regeln für seinen korrekten Gebrauch beziehen, d. h. auf die allgemein anerkannte Weise seiner Verwendung, nicht aber auf untereinander unverträgliche, vom allgemeinen Standard abweichende Verwendungsweisen.

Aus: Franz v. Kutschera, Sprachphilosophie, Wilhelm Fink, München [2]1993, S. 226 ff.

Arbeitshinweise:

1. Welchen Vorzug hat die Gebrauchstheorie der Bedeutung gegenüber anderen Theorien?
2. Beschreiben Sie, wie der Autor den Ausdruck „Gebrauch" präzisiert!

Wie lernt man die Gebrauchsregeln von Wörtern?

Ein Wort wie „rot" kann sowohl beim Befehlen, Bitten, Witze erzählen und anderen Sprechakten verwendet werden. Sein Gebrauch ist in gewisser Weise regelhaft konstant, unabhängig von den wechselnden Verwendungen der ganzen Sätze, in denen es vorkommt, ist derselbe bei einer Behauptung wie mit

(1) Diese Blume ist rot.,

und einem Befehl wie mit

(2) Bring diese rote Platte!

oder einer Frage wie

(3) Ist dieser Einband rot?

und bei allen anderen Sprechakten. Für das Erlernen der Gebrauchsregel von „rot" erscheint es gerade wesentlich, sie als unabhängig von den vielfältigen Sprechakten wie Fragen, Befehlen usw. zu erkennen, die mit dem Äußern von Sätzen, welche den Ausdruck „rot" enthalten, gemacht werden können. Ohne die Kenntnis dieser Gebrauchsregel könnten wir nicht verstehen, was mit (1) behauptet, worauf in (2) Bezug genommen oder was in (3) gefragt wird. Wir müssen dazu wissen, wann etwas „rot" genannt wird, d. h. wir müssen die Bedingungen kennen, unter denen in unserer Sprachgemeinschaft Gegenständen der Ausdruck „rot" zugesprochen wird. Und diese Bedingungen sind dieselben beim behauptenden Zusprechen wie mit (1), beim fragenden wie mit (2) und in allen anderen Sprechakten.

Die Regeln für den Gebrauch von Wörtern wie „rot", „Blume", „Wasser", „lieben", „geben" oder „schnell" bezeichnen wir als „Prädikationsregeln". Bei ihrer Beschreibung geben wir die (hinreichenden) Bedingungen an, unter denen wir solche Wörter Gegenständen zusprechen. Ausdrücke, die wir entsprechend ihren Prädikationsregeln zu- oder absprechen, nennen wir „Prädikatoren". Sie sind zu unterscheiden vom syntaktischen Prädikat als Satzteil. Prädikatoren können sowohl im syntaktischen Prädikat vorkommen wie in Ergänzungen und Angaben. Was sie auszeichnet, ist, dass sie Gegenständen zu- oder abgesprochen werden können. [...] Prädikationsregeln sind Konventionen, denen wir mehr oder weniger unbewusst folgen. Wir können unsere Regelkenntnis aber bei Bedarf meist ohne größere Schwierigkeiten verdeutlichen und weitergeben. Mindestens drei – nicht völlig voneinander trennbare – Arten des Lehrens von Prädikationsregeln sind dabei zu unterscheiden: Die paradigmatische Einführung, die ostensive Definition und die Regelbeschreibung.

Für den primären Spracherwerb ist das paradigmatische Lehren und Lernen grundlegend, weil dabei beim Lernenden weder – wie bei ostensiven Definitionen – eine bestimmte Einteilung der Welt noch – wie bei Regelbeschreibungen – die Kenntnis der Beschreibungssprache vorausgesetzt werden muss. „Wie erkläre ich jemandem die Bedeutung von „regelmäßig", „gleichförmig", „gleich"? – Einem der, sagen wir, nur Französisch spricht, werde ich diese Wörter durch die entsprechenden französischen erklären. Wer aber diese *Begriffe* noch nicht besitzt, den werde ich die Worte durch *Beispiele* und durch *Übung* gebrauchen lehren." (Wittgenstein) Paradigmatisches Lehren besteht in der Bereitstellung einer unbestimmten Anzahl von Beispielen für das Zu- und Absprechen eines Prädikators, aus denen der Lernende durch induktive Verallgemeinerung das allen seinen möglichen Anwendungen Gemeinsame erkennt. „Das Gemeinsame sehen. Nimm an, ich zeige jemand verschiedene bunte Bilder, und sage: ‚Die Farbe, die du in allen siehst, heißt *Ocker.*' – Das ist eine Erklärung, die verstanden wird, indem der Andere aufsucht und sieht, was jenen Bildern gemeinsam ist. Er kann dann auf das Gemeinsame blicken, darauf zeigen. Vergleiche damit: Ich zeige ihm Figuren verschiedener Form, alle in der gleichen Farbe gemalt und sage: ‚Was diese miteinander gemein haben, heißt *Ocker.*' Und vergleiche damit: Ich zeige ihm Muster verschiedener Schattierungen von Blau und sage: ‚Die Farbe, die allen gemeinsam ist, nenne ich *Blau.*'" (Wittgenstein) Gewöhnlich erfolgt paradigmatisches Lehren von Prädikationsregeln weniger an extra bereitgestellten Beispielen als eher beiläufig durch die sich in Zusammenhang alltäglichen Handelns ergebenden (richtigen) Verwendungen der Prädikatoren. Die Vorführungen, aus denen das Kind durch Beobachtung sowie Hypothesenbildung und -erprobung die Regeln herausbekommt, bestehen bereits im normalen Sprechen und Handeln der Erwachsenen. Einen gewissen Vorrang dürfte dabei das Zusprechen mit Wahrheitsanspruch (d. h. mit dem Anspruch, dass die jeweiligen Prädikationsbedingungen erfüllt sind) in Sprechakten wie Behaupten, Feststellen oder Beschreiben haben. Zumindest erscheinen Prädikationsregeln im Normalfall nicht allein aus Gegenbeispielen der Form „Das ist nicht x" lernbar, ebensowenig bloß aus Fragen, Aufforderungen und anderen nicht unmittelbar wahrheitsfähigen Sprechakten. Wenn aus Fragen, dann nur unter Berücksich- tigung der richtigen (wahren) Antworten, wenn aus Befehlen, dann nur unter Hinzunahme ihrer Befolgung. Aber die Voraussetzungen unter denen hier ein Lernen erfolgt, sind vielleicht komplizierter.

Beim Erwerb von Prädikationsregeln lernen wir nicht allein die Bedingungen für das Zusprechen von Prädikatoren, sondern auch die Bedingungen dafür, dass verschiedene Dinge gleich sind, von derselben Art oder vom selben Typ. Das heißt, wir erwerben eine sprachlich-soziale Gliederung unserer nicht von vorneherein gleichsam objektiv und völlig sprachlos gegebenen Welt. Gleich ist, was wir entsprechend unseren Regeln als gleich gelten lassen. Wie sehr die prädikativ gegebenen Unterscheidungen konventionell sind, wird beispielhaft deutlich an der Verschiedenheit der Einteilungen der Farben in verschiedenen Gesellschaften. Eine irgendwie natürliche Unterteilung des Spektrums ist nicht festzustellen.

Im Gegensatz zum paradigmatischen Lehren sind bei den anderen Einführungsarten auf der Seite des Lernenden bestimmte Dinge vorauszusetzen. Bei ostensiven Definitionen wie mit dem mit einer entsprechenden Hinweisgeste verbunden Äußern von

(4) Das ist ein Himantopus.

muss vom Lernenden bereits verstanden werden, welcher in einer bestimmten Einteilung gegebene Weltausschnitt so benannt wird. Das heißt, es muss von ihm nicht nur das Sprachspiel „Benennen“ verstanden, sondern auch schon die prädikative Einteilung vorausgesetzt werden, in welcher das zu Benennende gegeben ist. Und dasselbe ist Voraussetzung beim Fragen nach einer Benennung: „Man muß schon etwas wissen, um nach einer Benennung fragen zu können.“ (Wittgenstein) Ist dies nicht der Fall, der zu benennende Gegenstand noch nicht als solcher unterschieden, eine bestimmte Einteilung noch nicht vorhanden, ist es – abgesehen von der Unmöglichkeit des Fragens nach der Benennung – beim Lehren mit einer einmaligen Benennung noch nicht getan. Diese kann dann erst der Anfang einer ganzen Reihe von Beispielen benennenden Zusprechens sein.
Das Lehren von Prädikationsregeln durch Regelbeschreibung besteht in der Angabe der Bedingungen, unter denen wir den Ausdruck zusprechen. Für den primären Spracherwerb in seinen frühen Stadien ist ein solches Lehren ungeeignet, weil das lernende Kleinkind dazu schon die Erklärungen verstehen müßte. Zudem ist beim Lehrenden selbst eine explizite Regelkenntnis Voraussetzung, die normalerweise nicht angenommen werden kann. Denn eine Regel kennen heißt nicht, sie beschreiben zu können. Wegen der Schwierigkeiten befriedigender Regelbeschreibungen behilft man sich soweit wie möglich mit der Angabe von Synonyma. Auf diese Weise wird die Regelbeschreibung umgangen. Vorausgesetzt wird aber, dass der Lernende die Prädikationsregeln der zur Erklärung angebotenen Synonyme kennt und dass diese denjenigen des zu erklärenden Ausdrucks mehr oder minder gleichen. Und entsprechend wird auch bei nicht prädizierbaren Ausdrücken eine weitgehend gleiche Funktion in der Sprache angenommen, soweit solche Ausdrücke überhaupt mit Synonymen erklärbar sind.

Aus: Josef Häfele, Der Aufbau der Sprachkompetenz, Max Niemeyer Verlag, Tübingen 1979, 14 ff.

Arbeitshinweise:
1. Beschreiben Sie, auf welche Weisen der Gebrauch von Prädikatoren gelehrt werden kann?
2. Welche der Arten des Lehrens und Lernens ist für den Spracherwerb des Kindes entscheidend?
3. Erklären Sie, warum die anderen Arten des Lehrens und Lernens beim kindlichen Spracherwerb versagen.

Kamlah/Lorenzen: Die sprachliche Erschließung der Welt

Daß wir uns in der Welt überhaupt zurechtfinden, beruht darauf, daß wir fort und fort Gegenstände *wiedererkennen*, die uns zwar oft nicht als „diese" Einzeldinge (als „Individuen", wie man auch sagt), wohl aber als Beispiele, als „Exemplare" von etwas „Allgemeinem" bereits *bekannt* sind. In unserer Stadt sind wir „heimisch", indem wir hier auch die Einzeldinge, Straßen, Personen und ihre Eigennamen „kennen". Kommen wir aber in eine „fremde" Stadt, so finden wir auch dort „Häuser", „Straßen", „Kinder", „Hunde", „Autos", wir finden „Menschen" als „sprechende", „kaufende", „gehende" und so fort, d. h. wir finden in dieser Fremde doch nur im Grenzfall etwas schlechthin Fremdes, etwas uns Befremdendes. Anders würde es uns vielleicht in der Tiefsee oder auf einem anderen Planeten ergehen.
Die Sprache mit ihren Eigennamen und Prädikatoren* ist es also, die uns unsere Welt „immer schon" erschließt, immer schon *bekannt* und *vertraut* macht. [...]
Ein Kind erwirbt sich gleichsam die Welt, indem es die Namen erlernt, mit denen es mehr und mehr Dinge wiedererkennen und in erneuter Begegnung durch Ausrufen des Namens gleichsam begrüßen kann. [...] Sobald es den Prädikator „wau-wau" zu gebrauchen gelernt hat, begrüßt es freudig jeden Hund auf der Straße mit diesem Wort, während es vordem die Hunde gar nicht bemerkt hatte. Am Kinde wiederholt sich also in gewisser Weise die sprachliche Welterschließung des Menschen. [...]

Doch nicht überall bietet sich die Welt der sprachlichen Gliederung so griffig an wie im Falle von Lebewesen und Geräten. Z. B. die Unterscheidung von „Bach", „Fluß", „Strom" oder von „Knabe", „Jüngling", „Mann", „Greis" oder von „kalt", „warm", „heiß" setzt Grenzen, wo wir Übergänge vorfinden, so daß hier der sprachlichen Unterscheidung ein *Spielraum* bleibt, der in verschiedenen Sprachen verschieden genutzt wird. Wir achteten bereits auf das Beispiel der Schwierigkeit, die deutsche Unterscheidung von „Busch, Strauch, Staude" auf die französische Unterscheidung von „arbuste, buisson" zu beziehen. Oder der Umkreis der Fälle, in denen die Franzosen „laver" sagen, deckt sich nicht mit dem Umkreis des deutschen „waschen". Im Deutschen selbst wird zwischen „Stuhl" und „Sessel" im Norden des Sprachgebiets anders unterschieden als im bajuwarischen Süden. Hier sind also Prädikatoren jeweils in verschiedener Abgrenzung exemplarisch eingeführt worden.
Noch größer wird die Freiheit, so oder anders abzugrenzen, durch Einführung von Prädikatoren zu unterscheiden, wenn wir menschliche Verhaltensweisen sprachlich fassen wollen wie etwa „Schätzung", „Achtung", „Verehrung", „Zuneigung", „Liebe" oder „nachdenken", „überlegen", „grübeln". Je weniger sich die sprachliche Gliederung aufdrängt, je mehr die menschliche „Willkür" für diese Leistung beansprucht wird, um so unsicherer werden die Beziehungen der Wörter verschiedener Sprachen zueinander. „Eine neue Sprache eine neue Welt", dieser Spruch besteht zu Recht und desgleichen Wilhelm von Humboldts berühmter Satz, die Verschiedenheit der Sprachen sei „eine Verschiedenheit der Weltansichten selbst".
Angesichts dieser „Willkür" pflegt man auch von „bloßer *Konvention*" zu sprechen. Zwar werden Gebrauchsprädikatoren natürlicher Sprachen nicht (wie wissenschaftliche Prädikatoren) in *ausdrücklicher* Konvention vereinbart, sondern in einer Tradition immer schon vorgefunden, jedoch so, *als ob* man irgendwann übereingekommen sei, einerseits diesen bestimmten Ausdruck zu verwenden und andererseits damit diesen bestimmten Unterschied zu machen. Die geschichtliche Verschiedenheit der Sprachen ist dabei „zufällig" in dem Sinne, daß man im einzelnen auch anders hätte gliedern können, doch nicht zufällig in jedem Sinne. [...]
In langem Miteinanderleben haben wir den Gebrauch von Prädikatoren wie „Vater", „Bruder", „Vertrauen", „geizig", „eifersüchtig" erworben. [...]

Die Sprache sucht sich also einerseits der Welt und ihrer sich aufdrängenden Gliederung anzupassen, indem sie andererseits der Welt eine Gliederung erst gibt. Die Welt „besteht", wie schon gesagt, nicht aus Gegenständen (aus „Dingen an sich"), die erst nachträglich durch den Menschen benannt würden, „entsteht" aber auch nicht erst mit der Sprache zugleich. Somit ist die Welt in gar keinem Sinne die bloße Summe oder die Menge der Gegenstände (was ja oft behauptet wird). [...]

* Prädikatoren: Alle Ausdrücke, die man Gegenständen zu- oder absprechen kann, z. B. „Haus", „rot", „laufen".

Aus: Wilhelm Kamlah/Paul Lorenzen (Hrsg.), Logische Propädeutik. Vorschule des vernünftigen Redens, 3. Aufl. 1996. J.B. Metzlersche Verlagsbuchhandlung und Carl Ernst Poeschel Verlag GmbH, S. 43 ff.

Arbeitshinweise:
1. Wie kann uns die Sprache helfen, dass wir uns in der Welt zurechtfinden?
2. Inwiefern ist die Sprache konventionell?
3. An welchen „Weltausschnitten" zeigt sich diese Konventionalität besonders?
4. In welcher Weise werden die Regeln (Konventionen) in der Praxis des Lebens gelehrt und gelernt?

M 1

Was ist ein Prädikator?

(1) Hallo!
(2) Auf Wiedersehen!
(3) Trotzdem kommt Otto an Ostern.
(4) Er ärgert sie, indem er kommt.
(5) Mit Franz zu reisen ist schöner als mit ihm zu essen.
(6) Der Kaffee ist mir zu heiß.

Arbeitshinweise:
1. Welche Ausdrücke halten Sie zweifelsfrei für Prädikatoren?
2. Notieren Sie die Ausdrücke, welche in keinem denkbaren Fall einem Gegenstand zu- oder abgesprochen werden können.

M 2

Die Prädikation und die Wiederkehr des Gleichen

Wir wollen fragen, woran es eigentlich liegt, daß unsere (sprachlichen) Unterscheidungen in der Regel verläßlich sind, nämlich eine gemeinsame wiederholbare Verständigung über die Welt erlauben. [...]
Wir benutzen Wörter (einige Wörter), um Gegenstände voneinander zu unterscheiden, und wir tun dies in der Gewißheit (oder besser: in der selten enttäuschten Erwartung), daß wir uns untereinander über diesen unterscheidenden Gebrauch verständigen können, ja sogar davon ausgehen dürfen, daß einmal getroffene und akzeptierte Unterscheidungen verläßlich sind, nicht nur in einer speziellen Situation gelten. [...]
Wir benutzen Wörter (einige Wörter), um Gegenstände voneinander zu unterscheiden. Das Wort ‚sitzen' etwa dient dazu, in alltäglichen Situationen gewisse Gegenstände, in diesem Falle Handlungen, von anderen Gegenständen zu unterscheiden. Dies geschieht dadurch, daß das Wort ‚sitzen' einigen Gegenständen zugesprochen, anderen Gegenständen abgesprochen wird. Eine Handlung, der hier das Wort ‚sitzen' zugesprochen wird, tritt dabei zugleich als Beispiel für die Verwendung dieses Wortes auf, andere Handlungen, wie auch die übrigen Gegenstände, die in einer solchen Beispielsituation zur Verfügung stehen, spielen dagegen die Rolle von Gegenbeispielen. [...]
Wörter nun, mit denen wir in dieser Weise Gegenstände unterscheiden, mögen Prädikatoren heißen. Damit soll zugleich eine logische Normierung zum Ausdruck gebracht werden, die etwa von der grammatischen Verwendung des Prädikates als eines Satzteiles ganz absehen läßt. Prädikatoren sind in diesem Sinne alle Wörter, die sich in der zuvor geschilderten Weise Gegenständen zu- bzw. absprechen lassen. [...]
Unterscheidend also, mit Hilfe von Prädikatoren und Eigennamen, orientieren wir uns in der Welt. Dabei spielen Eigennamen häufig, vor allem im wissenschaftlichen Sprechen, nur eine untergeordnete Rolle, weil einerseits allen Gegenständen, die ‚benannt' werden können, auch Prädikatoren zukommen und sich andererseits unsere Unterscheidungen gerade auch in einer sich wandelnden Welt, der Natur und der Geschichte, bewähren sollen. Das räumlich und zeitlich Fremde wird vertraut nicht so sehr dadurch, daß wir hingehen und Eigennamen verteilen, sondern indem wir versuchen, bereits bewährte Unterscheidungen, zu denen uns Prädikatoren dienen, auf dieses Fremde anzuwenden. So ist etwa die Mondoberfläche in erster Linie nicht deshalb ein Stück Welt, das uns, wenn nicht vertraut, so doch hinreichend bekannt ist, weil eine Mondkarte Eigennamen aufweist, sondern weil wir wissen, daß diese Eigennamen Krater und Ebenen benennen. ‚Krater' und ‚Ebene' aber sind Prädikatoren, deren Verwendung, im Rahmen der Geologie, exemplarisch seit langem gesichert ist. Ihre Hinzuziehung bei der Beschreibung der Mondoberfläche besagt, daß diese nun auch, wenigstens teilweise, unter die Beispiele für die genannten Prädikatoren fällt; sie ist damit aber nichts wahrhaft Fremdes mehr.
In einem solchen Falle würde man sagen, daß sich Unterscheidungen über den bisherigen Beispielbereich hinaus auch an anderer Stelle bewährt haben. Naheliegende Wendungen wie die, daß sich diese Unterscheidungen als *angemessen* erwiesen hätten, daß sie auch in einer gänzlich neuen Situation *zuträfen* oder *paßten*, wären hier zunächst nur synonyme Redeweisen. Faktisch geschieht nichts anderes, als daß früher einmal eingeübte, ‚gelernte' Unterscheidungen anhand weiterer Beispiele erneut getroffen werden. Dies kann wiederum, wie im Falle der Prädikatoren ‚Krater' und ‚Ebene', in gleicher Weise, d. h. ohne jede Modifikation der diesen Prädikatoren zugrunde liegenden ursprünglichen Unterscheidungen erfolgen, schließt aber eine solche Modifikation auch nicht aus. Unterscheidungen können auch, eben durch Hinzuziehen neuer Beispiele, verlagert werden, wobei im extremen Falle selbst ursprünglich noch als Beispiele für einen Prädikator auftretende Gegenstände schließlich unter seine Gegenbeispiele fallen können. [...]
Die Situation des unterscheidenden Gebrauches von Prädikatoren ändert sich dabei natürlich auch in einem solchen Falle nicht; was sich ändert, sind die Unterscheidungen selbst, und dies auch nur dann, wenn die Zustimmung derer vorliegt, die schon gelernt haben, mit diesen Unterscheidungen umzugehen. Da Sprache kein ‚privates', sondern ein gemeinsames Können ist, und sprachliche Unter-

scheidungen nur dann wirklich sinnvoll sind, wenn sie sich anderen gegenüber vertreten lassen, ist diese Zustimmung unerläßlich. Der Versuch, ohne sie auszukommen, würde wieder nur bedeuten, sich mit Hilfe eigener sprachlicher Unterscheidungen um den Aufbau einer ‚privaten' Welt zu bemühen, was in diesem Falle dem Versuch gleichkäme, die Robinsonsituation ins Absurde umzubilden. Faktisch wird denn auch ein solcher Versuch kaum ernsthaft unternommen werden. Im Gegenteil. In der Regel kann man sich als Sprecher auf gemeinsame Unterscheidungen berufen, und wo dies einmal nicht möglich sein sollte, richtet sich das Interesse der Beteiligten sofort auf eine Überprüfung der in Frage stehenden Unterscheidungen, mit dem Ziel, sie erneut aufeinander abzustimmen und nicht etwa als gemeinsame Basis ein für allemal preiszugeben.

Die ‚immer schon' gegliederte Welt, das ist jetzt die Welt derer, die vor uns waren, deren Unterscheidungen wir lernen, und die ‚immer wieder' vollzogene sprachliche Gliederung der Welt ist das, was wir dann in unseren eigenen Unterscheidungen, also selber nunmehr ‚lehrend', tun. Damit wird aber zugleich erneut deutlich, daß der Versuch, von einer gegliederten Welt zu sprechen, die unseren sprachlichen Gliederungen noch vorausginge, über tautologische Aussagen nicht hinwegkäme. Was unseren Gliederungen, sprich Unterscheidungen, vorausgeht, sind eben andere Unterscheidungen, übernommene, verworfene oder präzisierte; und alles, was sich darüber hinaus noch sagen läßt, ist lediglich, daß diese Unterscheidungen ‚in der Welt' getroffen werden. In ‚welcher' Welt, das läßt sich dann wiederum nur über schon erfolgte Unterscheidungen erfahren.[...]

Die ‚Wirklichkeit', das wäre eben an dieser Stelle wieder nichts anderes als ein Bestand von Unterscheidungen, über den man schon verfügt und den man seinerseits für bereits gerechtfertigt ansieht. Mit anderen Worten (und dies ist ein Vorschlag): die Verwendung des Prädikators ‚angemessen' setzt immer schon die angeführten sprachlichen Maßnahmen zur Korrektur und Weiterführung bestehenden Sprachgebrauchs, einschließlich einer Überprüfung sogenannter ‚erster' Unterscheidungen, voraus. Erst wenn diese Maßnahmen unter Zustimmung aller beteiligten Sprecher im Hinblick auf bestimmte Unterscheidungen fürs erste hinreichend abgeschlossen sind, sollen diese Unterscheidungen als ‚angemessen' bezeichnet werden dürfen.

Aus: Jürgen Mittelstraß, Die Möglichkeit von Wissenschaft, S. 146 ff.

Arbeitshinweise:
1. Erklären Sie den Gebrauch des Wortes „Prädikator."
2. Was leisten Prädikatoren für uns?
3. Warum können wir uns im Normalfall unproblematisch über die Welt verständigen?
4. Was ist die (unsere) Wirklichkeit?

M 1

Ein Tisch ist ein Tisch

In „Ein Tisch ist ein Tisch" erzählt P. Bichsel die Geschichte eines alten Mannes, der aus Langeweile eines Tages beginnt, den Gegenständen seiner Umgebung neue Bezeichnungen zu geben!
„Er stand also auf, zog sich an, setzte sich auf den Wecker und stützte die Arme auf den Tisch. Aber der Tisch hieß jetzt nicht mehr Tisch, er hieß jetzt Teppich. Am Morgen verließ also der Mann das Bild, zog sich an, setzte sich an den Teppich auf den Wecker und überlegte, wem er wie sagen könnte.

Dem Bett sagte er Bild.
Dem Tisch sagte er Teppich.
Dem Stuhl sagte er Wecker.
Der Zeitung sagte er Bett.
Dem Spiegel sagte er Stuhl.
Dem Wecker sagte er Fotoalbum.
Dem Schrank sagte er Zeitung.
Dem Teppich sagte er Schrank.
Dem Bild sagte er Tisch.
Und dem Fotoalbum sagte er Spiegel.

Also:
Am Morgen blieb der alte Mann lange im Bild liegen, um neun läutete das Fotoalbum, der Mann stand auf und stellte sich auf den Schrank, damit er nicht an die Füße fror, dann nahm er seine Kleider aus der Zeitung, zog sich an, schaute in den Stuhl an der Wand, setzte sich dann auf den Wecker an den Teppich und blätterte den Spiegel durch, bis er den Tisch seiner Mutter fand.
Der Mann fand das lustig, und er übte den ganzen Tag und prägte sich die neuen Wörter ein. Jetzt wurde alles umbenannt: Er war jetzt kein Mann mehr, sondern ein Fuß, und der Fuß war ein Morgen und der Morgen ein Mann."

Aus: Peter Bichsel, Ein Tisch ist ein Tisch, Suhrkamp Verlag, Frankfurt/Main 1995

Arbeitshinweis:
Erklären Sie, ob der Mann eine neue Sprache geschaffen hat oder ob er das nicht getan hat.

M 2

Wolfgang Stegmüller: Eine einfache Auffassung

Die Wirklichkeit ist ein riesiges Mosaik; die einzelnen Steine des Mosaiks werden durch Wörter bezeichnet, und durch Aneinanderreihung von Wörtern zu Sätzen schneidet der Sprechende aus diesem Mosaik einen ihn und den Hörenden gerade interessierenden Komplex, einen Sachverhalt, heraus. Die eindeutige Entsprechung zwischen Wörtern und Dingen macht das Sprechen selbst zu einem Mosaikspiel im Kleinen: durch Sprachmosaike, die wir von Fall zu Fall erzeugen, beziehen wir uns auf die entsprechenden Teile des Riesenmosaiks der Wirklichkeit.
[...]

Aus: Wolfgang Stegmüller, Glauben, Wissen und Erkennen, (Zs. f. philos. Forsch. 10/1956) Reprogr. Nachdruck Wissenschaftliche Buchgesellschaft, Darmstadt 1967

Arbeitshinweis:
Sind Sie mit dieser Auffassung des Verhältnisses von Sprache und Welt einverstanden? Begründen Sie Ihre Auffassung!

A 11 Brauchen wir präzise Regeln?

M 1

Wie genau sind unsere Regeln?

Bestimmen Sie die Regeln für den Gebrauch folgender Ausdrücke:
Gruppe 1: Rot – orange
Gruppe 2: Hügel – Berg
Gruppe 3: Haus – Hütte
Gruppe 4: Spiel – Musik

Arbeitshinweise:

1. Formulieren Sie die Bedingungen, unter denen wir diese Wörter einem Gegenstand zusprechen. (Etwa: „Wir nennen etwas *rot [Hügel, Haus, Spiel]* dann und nur dann, wenn …")
2. Formulieren Sie auch dann ein Untersuchungsergebnis, wenn Sie keine Bedingungen finden konnten.

M 2

Straße oder Weg?

Bildarchiv Huber

Ludwig Wittgenstein: Philosophische Untersuchungen

66. Betrachte z. B. einmal die Vorgänge, die wir „Spiele" nennen. Ich meine Brettspiele, Kartenspiele, Ballspiele, Kampfspiele, usw. Was ist allen diesen gemeinsam? – Sag nicht: „Es *muß* ihnen etwas gemeinsam sein, sonst hießen sie nicht ‚Spiele'" – sondern *schau*, ob ihnen allen etwas gemeinsam ist. – Denn wenn du sie anschaust, wirst du zwar nicht etwas sehen, was *allen* gemeinsam wäre, aber du wirst Ähnlichkeiten, Verwandtschaften, sehen, und zwar eine ganze Reihe. Wie gesagt: denk nicht, sondern schau! – Schau z.B. die Brettspiele an, mit ihren mannigfachen Verwandtschaften. Nun geh zu den Kartenspielen über: hier findest du viele Entsprechungen mit jener ersten Klasse, aber viele gemeinsame Züge verschwinden, andere treten auf. Wenn wir nun zu den Ballspielen übergehen, so bleibt manches Gemeinsame erhalten, aber vieles geht verloren. – Sind sie alle ‚*unterhaltend*'? Vergleiche Schach mit dem Mühlfahren. Oder gibt es überall ein Gewinnen und Verlieren, oder eine Konkurrenz der Spielenden? Denk an die Patiencen. In den Ballspielen gibt es Gewinnen und Verlieren; aber wenn ein Kind den Ball an die Wand wirft und wieder auffängt, so ist dieser Zug verschwunden. Schau, welche Rolle Geschick und Glück spielen. Und wie verschieden ist Geschick im Schachspiel und Geschick im Tennisspiel. Denk nun an die Reigenspiele: Hier ist das Element der Unterhaltung, aber wie viele der anderen Charakterzüge sind verschwunden! Und so können wir durch die vielen, vielen anderen Gruppen von Spielen gehen, Ähnlichkeiten auftauchen und verschwinden sehen.
Und das Ergebnis dieser Betrachtung lautet nun: Wir sehen ein kompliziertes Netz von Ähnlichkeiten, die einander übergreifen und kreuzen. Ähnlichkeiten im Großen und Kleinen.

67. Ich kann diese Ähnlichkeiten nicht besser charakterisieren als durch das Wort „Familienähnlichkeiten"; denn so übergreifen und kreuzen sich die verschiedenen Ähnlichkeiten, die zwischen den Gliedern einer Familie bestehen: Wuchs, Gesichtszüge, Augenfarbe, Gang, Temperament, etc. etc. – Und ich werde sagen: Die ‚Spiele' bilden eine Familie. [...]

70. „Aber wenn der Begriff ‚Spiel' auf diese Weise unbegrenzt ist, so weißt du ja eigentlich nicht, was du mit ‚Spiel' meinst." – Wenn ich die Beschreibung gebe: „Der Boden war ganz mit Pflanzen bedeckt", – willst du sagen, ich weiß nicht, wovon ich rede, ehe ich nicht eine Definition der Pflanze geben kann? [...]

71. Man kann sagen, der Begriff ‚Spiel' ist ein Begriff mit verschwommenen Rändern. – „Aber ist ein verschwommener Begriff überhaupt ein *Begriff*?" – Ist eine unscharfe Photographie überhaupt ein Bild eines Menschen? Ja, kann man ein unscharfes Bild immer mit Vorteil durch ein scharfes ersetzen? Ist das unscharfe nicht oft gerade das, was wir brauchen?

Aus: Ludwig Wittgenstein, Philosophische Untersuchungen,

Arbeitshinweise:

1. Inwiefern ist „Spiel" ein typisches, wenn auch extremes Beispiel für die Wörter unserer Sprache? (Vergleichen Sie dazu etwa „Spiel" und „Junggeselle".)
2. Erklären Sie den letzten Satz.

A 13 Über die Bedeutung der Wörter

John Lockes Vorstellungstheorie der Bedeutung

John Locke (1632–1704) gilt in der Philosophie als Vertreter des englischen Empirismus, demzufolge alle Erkenntnisse, also auch unsere Ideen und Vorstellungen, aus der Erfahrung stammen und nicht – wie andere behaupten – angeboren sind. Diese Auffassung schlägt sich auch in seinem Verständnis der Sprache nieder.

1. Wenn jemand auch eine Fülle verschiedener Gedanken hegt, Gedanken, die anderen ebensogut Nutzen und Vergnügen bringen könnten wie ihm selbst, so sind sie doch alle in seiner Brust verschlossen, für andere unsichtbar und verborgen; sie können auch nicht durch sich selbst kundgegeben werden. Da nun aber die Annehmlichkeiten und Vorteile der Gemeinschaft ohne eine Mitteilung der Gedanken nicht zu erreichen sind, so mußte der Mensch notwendig gewisse äußere, sinnlich wahrnehmbare Zeichen finden, mit deren Hilfe jene unsichtbaren Ideen*, die seine Gedankenwelt ausmachen, andern mitgeteilt werden könnten. Für diesen Zweck war im Hinblick auf Reichhaltigkeit und Schnelligkeit nichts so gut geeignet wie jene artikulierten Laute, die der Mensch mit solcher Leichtigkeit und Mannigfaltigkeit zu erzeugen imstande war. So wird es begreiflich, wie es dazu kam, daß gerade die *Wörter*, die ja von Natur diesem Zweck so vorzüglich angepaßt waren, von den Menschen als Zeichen für ihre Ideen verwendet wurden. Es geschah nicht wegen eines natürlichen Zusammenhanges, der zwischen einzelnen artikulierten Lauten und gewissen Ideen bestände, denn dann würde es in der ganzen Menschheit nur eine Sprache geben. Vielmehr geschah es vermittels einer willkürlichen Verknüpfung, durch die ein bestimmtes Wort jeweils beliebig zum Kennzeichen einer bestimmten Idee gemacht wurde. Der Zweck der Wörter besteht also darin, sinnlich wahrnehmbare Kennzeichen der Ideen zu sein; die Ideen, für die sie stehen, machen ihre eigentliche und unmittelbare Bedeutung aus.

2. Der Wert, den diese Kennzeichen für die Menschen besitzen, besteht entweder darin, daß sie sich ihre eigenen Gedanken zur Unterstützung ihres Gedächtnisses einprägen, oder daß sie ihre Ideen gleichsam zutage fördern und den Blicken anderer unterbreiten. Die Wörter vertreten also ihrer ursprünglichen oder unmittelbaren Bedeutung nach nur *die Ideen im Geiste dessen, der sie benutzt*; [...]

3. Dies ist eine beim Gebrauch der Sprache so notwendige Voraussetzung, daß in dieser Hinsicht der Wissende und der Unwissende, der Gelehrte und der Ungelehrte die Wörter, die sie beim Sprechen (in irgendeinem Sinn) verwenden, alle in gleicher Weise gebrauchen. Im Munde eines jeden vertreten sie die Ideen, die er besitzt und durch sie ausdrücken will. Ein Kind, das an dem Metall, das es *Gold* nennen hört, nichts bemerkt hat als die glänzende gelbe Farbe, wendet das Wort *Gold* nur auf seine eigene Idee dieser Farbe und auf nichts anderes an; es nennt daher dieselbe Farbe im Schweif des Pfaus ebenfalls Gold. Ein anderer, der schärfer beobachtet hat, fügt zu dem glänzenden Gelb das schwere Gewicht hinzu; dann vertritt der Laut *Gold*, wenn er ihn benutzt, die komplexe Idee** eines glänzenden Gelb und einer sehr schweren Substanz. Ein dritter fügt zu diesen Eigenschaften die Schmelzbarkeit hinzu; dann bezeichnet für ihn das Wort *Gold* einen glänzenden gelben, schmelzbaren und sehr schweren Körper. Wieder ein anderer fügt die Dehnbarkeit hinzu. Sie alle gebrauchen übereinstimmend das Wort *Gold*, wenn sie veranlaßt sind, die Idee auszudrücken, die sie damit verknüpft haben. Es leuchtet jedoch ein, daß es jeder einzelne nur auf seine eigene Idee anwenden kann; er kann es nicht zum Zeichen einer komplexen Idee machen, die er nicht besitzt.
Die Menschen setzen voraus, daß ihre Wörter auch Kennzeichen der Ideen im Geiste anderer sind, mit denen sie sich unterhalten. Denn andernfalls würden sie vergeblich reden und könnten nicht verstanden werden, wenn die Laute, die sie für eine bestimmte Idee verwenden, von dem Hörer auf eine andere Idee bezogen würden. Das hieße zwei Sprachen reden. [...]

6. Bezüglich der Wörter ist ferner zu beachten: Erstens: Die Wörter sind unmittelbar die Zeichen für die menschlichen Ideen; sie stellen somit die Instrumente dar, mit denen sich die Menschen ihre Vorstellungen mitteilen und füreinander die Gedanken und Auffassungen zum Ausdruck bringen, die sie in ihrer Brust tragen. [...]

* Idee (griech.): gedankliches Bild, Vorstellung
** komplexe Idee: einheitliche Idee, die aus einfachen Ideen zusammengesetzt ist

Aus: John Locke, Versuch über den menschlichen Verstand, In vier Büchern. Bd. II, Buch III und IV. Philosophische Bibliothek 76. Unveränderter Nachdruck. © Felix Meiner Verlag, Hamburg 1995, S. 4 ff.

Arbeitshinweise:

1. Welche Funktion haben nach Locke die Wörter der Sprache?
2. Wann hat der Zuhörer den Sprechenden richtig verstanden?
3. Was ist die Bedeutung eines Wortes?
4. Wie ist die Beziehung zwischen Wort und Bedeutung zustande gekommen?

M 1

Ein Kommunikationsmodell wird entwickelt

Sender (Sprecher)

Empfänger (Zuhörer)

Arbeitshinweis:
Zeichnen Sie die Vorgänge ein, die zwischen Sender und Empfänger stattfinden.

M 2

Stehen Wörter für Vorstellungen?

(1) *Kohls Haus* ist einzigartig.

(2) *Man* träumt *manchmal* von *runden Vierecken* oder *Vielecken mit tausend Seiten.*
(3) Er wagte *zu* widersprechen.
(4) *Es* schneit.
(5) *Opel* macht wieder Gewinn.
(6) *Die EG* ist pleite.
(7) *Ehrlichkeit* ist wichtig.

(8) Komm bitte!
(9) Komm!
(10) Kommt er?
(11) Er kommt.

Arbeitshinweise:
1. Versuchen Sie, sich über Ihre Vorstellungen klar zu werden, die Sie mit den kursiv gedruckten Wörtern und den Sätzen (8)–(11) verbinden.
2. Falls Ihnen Aufgabe 1 Schwierigkeiten bereitet: Versuchen Sie den Grund dieser Schwierigkeiten zu bestimmen.

M 3

Gibt es einen Sprachkode?

Wort/Satz	Vorstellung/Gedanke
(1) *blau*	....
(2) *Schule*	....
(3) *Gefühlsleben*	....
(4) *Verhindern die Ölkonzerne den Umweltschutz?*	....

A 15 Kritik der Vorstellungstheorie der Bedeutung

M 1

Kritik des Kommunikationsmodells

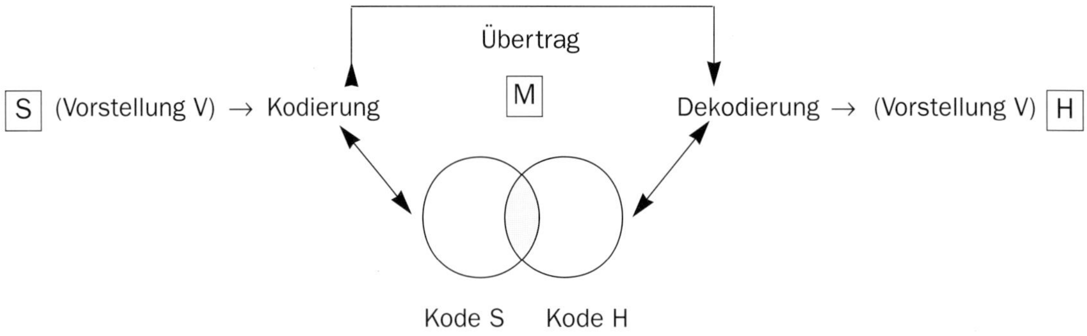

Kommunikation, die (lat. communicare = sich besprechen): Zwischenmenschliche Verständigung durch Verbindungsaufnahme und Informationsaustausch (mit den Mitteln der Sprache); Form sozialen Handelns mit den Rollen Sender/Sprecher (S) und Empfänger/Hörer (H) sowie dem Träger der übermittelten Nachricht, der sprachlichen Zeichenkette (Medium: M); K.-Modell (stark vereinfacht) [s. oben]

kodieren (engl. to code = chiffrieren) [auch: enkodieren]: Verschlüsseln (Gw. entschlüsseln = dekodieren) als Tätigkeit des Sprechers (bzw. Hörers) beim Sprechvorgang: aus dem Inventar konventioneller sprachlicher Zeichen wählt er diejenigen, welche seinen mitzuteilenden Vorstellungen entsprechen, von denen er annimmt, daß sie beim Hörer (Gesprächspartner) die gleichen Vorstellungen wecken. Tatsächlich sind Kodes zweier Sprecher einer Sprache immer nur partiell deckungsgleich, so daß den Zeichen und Zeichenkombinationen unterschiedliche Bedeutungen und Nebenbedeutungen zugeordnet werden können. Dadurch kann Dekodierung zu anderen Vorstellungen beim Hörer führen, als der Sprecher es bei der Kodierung beabsichtigt hat, die Kommunikation also gestört sein.

Aus: Winfried Ulrich, Wörterbuch-Linguistische Grundbegriffe, 4. Aufl., Unterägeri 1978, S. 90f.

Arbeitshinweise:

1. Beschreiben Sie mit Hilfe der beigefügten Lexikonartikel, wie die Verständigung zwischen Menschen nach dem graphisch dargestellten Kommunikationsmodell aussieht.
2. An welchen Stellen des Modells würden Sie Korrekturen anbringen? Begründen Sie Ihre Entscheidung!

M 2

Sprache und Welt – Locke vs. Wittgenstein

John Locke über die Wörter:

„Im Munde eines jeden vertreten sie die Ideen, die er besitzt und durch sie ausdrücken will. Ein Kind, das an dem Metall, das es Gold nennen hört, nichts bemerkt hat als die glänzende gelbe Farbe, wendet das Wort Gold nur auf seine eigene Idee dieser Farbe und auf nichts anderes an; es nennt daher dieselbe Farbe im Schweif des Pfaus ebenfalls *Gold*. Ein anderer, der schärfer beobachtet hat, fügt zu dem glänzenden Gelb das schwere Gewicht hinzu, dann vertritt der Laut *Gold*, wenn er ihn benutzt, die komplexe Idee eines glänzenden Gelb und einer sehr schweren Substanz. Ein dritter fügt zu diesen Eigenschaften die Schmelzbarkeit hinzu; dann bezeichnet für ihn das Wort *Gold* einen glänzenden gelben, schmelzbaren und sehr schweren Körper. Wieder ein anderer fügt die Dehnbarkeit hinzu. Sie alle gebrauchen übereinstimmend das Wort *Gold*, wenn sie veranlaßt sind, die Idee auszudrücken, die sie damit verknüpft haben. Es leuchtet jedoch ein, daß es jeder einzelne nur auf seine eigene Idee anwenden kann; er kann es nicht zum Zeichen einer komplexen Idee machen, die er nicht besitzt."

Aus: John Locke, Über den menschlichen Verstand, Buch III

381. Wie erkenne ich, daß diese Farbe Rot ist? – Eine Antwort wäre: „Ich habe Deutsch gelernt."

Aus: Ludwig Wittgenstein, Philosophische Untersuchungen

Arbeitshinweise:

1. Wie erkennen wir die Gegenstände der Welt? Vergleichen Sie die Positionen von Locke und Wittgenstein zu dieser Frage.
2. Welchen Fehler macht Locke?

M 1

Aphorismen von Platon, Hegel und Kant

Fremder: Und wie steht es mit Denken, Meinung und Vorstellung? Ist nicht schon deutlich, daß auch diese alle in unsern Seelen wahr und falsch vorkommen?
Theaitetos: Wie das?
Fremder: So wirst du es wohl leichter sehen, wenn du zuerst feststellst, was sie sind und wie sich jedes von den übrigen unterscheidet.
Theaitetos: Gib es mir nur an.
Fremder: Also Denken und Rede sind dasselbe, nur daß das innere Gespräch der Seele mit sich selbst, was ohne Stimme vor sich geht, Denken genannt worden ist.
Theaitetos: Richtig.
Fremder: Der Ausfluß von jenem aber vermittels des Lautes durch den Mund heißt Rede.
Theaitetos: Wahr.

Aus: Platon, Sophistes (263 d–e), Gesammelte Werke. © by Rowohlt Taschenbuch Verlag GmbH, Reinbek.

Alle Sprache ist Bezeichnung der Gedanken und umgekehrt die vorzüglichste Art der Gedankenbezeichnung ist die durch Sprache, diesem größten Mittel, sich selbst und andere zu verstehen. Denken ist Reden mit sich selbst (die Indianer auf Otaheite nennen das Denken: Die Sprache im Bauch) folglich sich auch innerlich … Hören".

Aus: Immanuel Kant, Anthropologie in pragmatischer Hinsicht, in: I. K., Werke in 10 Bänden, Darmstadt 1975, Bd. 10, S. 500

„Ohne Worte denken zu wollen, wie Mesmer einmal versucht hat, erscheint daher als eine Unvernunft, die jenen Mann, seiner Versicherung nach, beinahe zum Wahnsinn geführt hätte."

Aus: G. W. F. Hegel, Enzyklopädie der philosophischen Wissenschaften, Bd. 3, in: G. W. F. Hegel, Werke in 20 Bänden, Frankfurt 1974, Bd. 10, S. 280

Arbeitshinweis:
Wie sehen Platon, Kant und Hegel das Verhältnis von Denken und Sprechen?

M 2

Der Fall Kaspar Hauser

Kaspar Hauser wurde am 26. Mai 1828 als etwa 16jähriger Knabe auf dem Marktplatz von Nürnberg von einem Unbekannten ausgesetzt. Er trug ein Schreiben mit sich, das ihn als Waise auswies. Seine Herkunft blieb ein Rätsel (heute wird vermutet, er sei der erstgeborene Sohn des Großherzogs Karl von Baden). Kaspar Hauser besaß nur geringe Sprachkenntnisse, etwa einen Wortschatz von 40 Wörtern. Nach Erlernen der Sprache gab er an, in einem dunklen Verlies gelebt zu haben und von einem Unbekannten versorgt worden zu sein, der ihm auch den Gebrauch von ein paar Wörtern beibrachte. Am 14. Dezember wurde Kaspar Hauser von einem Unbekannten in Ansbach erstochen.
Anselm von Feuerbach, ein Zeitgenosse, berichtet im folgenden Textausschnitt über die ersten Tage, die Kaspar Hauser unter Menschen verbrachte:

Weinend, mit dem Ausdruck heftigen Schmerzes, deutete er auf seine unter ihm brechenden Füße und schien an Hunger und Durst zu leiden. Man reichte ihm ein Stückchen Fleisch; doch kaum hatte der erste Bissen seinen Mund berührt, als er ihn, sich schüttelnd, unter heftigen Zuckungen seiner Gesichtsmuskeln, mit sichtbarem Entsetzen wieder von sich spie. Dieselben Zeichen des Abscheus, als man ihm ein Glas Bier gebracht und er davon einige Tropfen gekostet hatte. Ein Stück schwarzes Brot und ein Glas frischen Wassers verschlang er mit heißer Begier und äußerstem Wohlbehagen. Was man unterdessen mit ihm noch versuchte, um über seine Person und sein Hierherkommen etwas zu erfahren, war vergebliche Mühe. Er schien zu hören, ohne zu verstehen, zu sehen, ohne etwas zu bemerken, sich mit den Füßen zu bewegen, ohne sie zum Gehen gebrauchen zu können. [...]
Er verriet weder Furcht, noch Befremden, noch Verlegenheit, vielmehr eine fast tierische Stumpfheit, welche die Außendinge entweder gar nicht bemerkt oder gedankenlos anstarrt und an sich vorübergehen läßt, ohne von ihnen berührt zu werden. [...]
Als er in den ersten Tagen zum erstenmal eine brennende Kerze vor sich sah, ergötzte ihn die leuchtende Flamme, er griff arglos hinein und verbrannte sich Hand und Finger, die er zu spät unter Schreien und Weinen zurückzog. Um ihn zu erproben, wurde zum Schein mit blanken Säbeln nach ihm gehauen und gestochen; er blieb ganz unbeweglich, blinzte nicht einmal mit den Augen und schien gar nicht zu ahnen, daß ihm mit diesen Dingen irgend ein Leid geschehen könne. Als ihm ein Spiegel vorgehalten wurde, griff er nach seinem eignen Spiegelbild und wendete sich dann nach der Rückseite, um den Menschen zu finden, der dahinter stecke. Was er Glänzendes sah, darnach langte er wie ein kleines Kind, und weinte, wenn er es nicht erreichen konnte, oder es ihm versagt wurde.
Einige Tage nach seiner Ankunft in Nürnberg wurde K., in Begleitung zweier Polizeimänner, um die Stadt geführt, damit er vielleicht das Tor wieder erkenne, durch das er in die Stadt gebracht worden. Er wußte, wie man wohl hätte voraussehen können, keines von dem andern zu unterscheiden und schien überhaupt an dem, was an seinen Augen vorüberging, keinen Anteil zu nehmen. Auf Gegenstände, die man ihm besonders nahe brachte, gaffte er stumpfsinnig und nur zuweilen mit neugierigem, befremdetem Blicke hin. Zur Bezeichnung lebender Geschöpfe, die ihm in die Sinne fielen, hatte er bloß zwei Worte, deren er sich dann und wann bediente. Was menschliche Gestalt hatte, ohne Unterschied des Geschlechtes und Alters, hieß ihm „Bua"; jedes ihm aufstoßende Tier, vierfüßig oder zweibeinig, Hund, Katze, Gans oder Huhn, nannte er: „Roß". Waren solche Rosse weiß, so bezeigte er Wohlgefallen; *schwarze Tiere* erregten ihm Widerwillen oder Furcht. Eine schwarze Henne, welche auf ihn zukam, versetzte ihn in große Angst; er schrie und machte die äußerste Anstrengung, um auf seinen, ihm hiezu den Dienst versagenden Füßen von ihr hinwegzulaufen.

Aus: Anselm von Feuerbach, Kaspar Hauser. Beispiel eines Verbrechens am Seelenleben des Menschen. Hrsg. Von Helmut Bender. Waldkirch 1981, S. 26 ff.

Arbeitshinweise:
1. Wie reagiert Kaspar Hauser auf ihm unbekannte Dinge der Außenwelt? Wie sind seine Reaktionen zu erklären?
2. Vergleichen Sie dazu: Wie reagiert Kaspar Hauser auf die Außenwelt, wenn er im Besitz sprachlicher Zeichen ist? Wie ist seine Reaktion zu erklären?

M1

Sprache und Denken bei Gehörlosen

Sind Taube immer und überall als „behindert" oder „minderwertig" betrachtet worden? War es immer ihr Schicksal und wird es ihr Schicksal bleiben, ausgegrenzt und isoliert leben zu müssen? Kann man sich ihre Situation überhaupt anders vorstellen? Wenn es doch eine Welt gäbe, in der es keine Rolle spielte, ob einer taub ist oder nicht, und in der alle Gehörlosen ein erfülltes Leben inmitten der Gemeinschaft der Menschen führen könnten! Eine Welt, in der niemand überhaupt auf den Gedanken käme, sie als „behindert" oder „taub" anzusehen. Es gab und gibt solche Welten, und eine von ihnen schildert Nora Ellen Groce in ihrem schönen und faszinierenden Buch „Jeder sprach hier Gebärdensprache. Erblich bedingte Gehörlosigkeit auf der Insel Martha's Vineyard". Aufgrund einer Mutation, eines rezessiven Gens, aktiviert durch Inzucht, breitete sich auf der Insel Martha's Vineyard vor Massachusetts' Küste nach der Ankunft der ersten gehörlosen Siedler in den neunziger Jahren des 17. Jahrhunderts eine Form erblicher Gehörlosigkeit aus, die zweihundertfünfzig Jahre lang von Generation zu Generation weitergetragen wurde. Gegen Mitte des 19. Jahrhunderts war dort fast jede Familie davon betroffen, in einigen Gemeinden (Chilmark, West Tisbury) bis zu einem Viertel der Einwohner. Das führte dazu, daß die ganze Bevölkerung Gebärdensprache lernte und daher ein freier und vollständiger Austausch zwischen Hörenden und Gehörlosen möglich war. Kaum je wurden die Gehörlosen als „taub" und gewiß nicht als „behindert" wahrgenommen.

Interessanterweise behielten die Inselbewohner, selbst als der letzte Gehörlose der Insel 1952 starb, den Gebrauch der Gebärdensprache weitgehend bei, und zwar nicht nur für besondere Gelegenheiten (wenn sie sich schmutzige Witze erzählen, sich im Gottesdienst unterhalten, von Boot zu Boot miteinander reden wollten), sondern für den alltäglichen Gebrauch. Sie verfielen unwillkürlich und manchmal mitten in einem Satz in die Gebärdensprache, weil diese für alle, die sie (als erste Sprache) gelernt haben, „natürlich" ist und außerdem eine innere Schönheit und Klarheit besitzt, die die der gesprochenen Sprache manchmal übersteigt.

Ich war von Groces Buch so angerührt, daß ich mich, sobald ich es ausgelesen hatte, mit nichts weiter als meiner Zahnbürste, einem Cassettenrecorder und einer Kamera in meinen Wagen setzte – ich mußte diese verzauberte Insel mit eigenen Augen sehen. Und ich sah, wie ältere Bewohner sich untereinander noch immer mit großem Vergnügen in der Gebärdensprache verständigten. Der Moment, als ich das zum erstenmal beobachtete, wird mir unvergeßlich bleiben. Ich fuhr an einem Sonntagmorgen zu dem verwitterten Gemischtwarenladen in West Tilbury. Dort saß, vertieft in Plauderei und Klatsch, ein halbes Dutzend alter Leute auf der Veranda. Es könnten irgendwelche Alten gewesen sein, alte Nachbarn, die sich unterhielten – bis sie alle plötzlich und ganz überraschend in die Gebärdensprache verfielen. Sie machten eine Minute lang Gebärden, lachten und sprachen dann normal weiter. In diesem Augenblick wußte ich, daß ich an den richtigen Ort gekommen war. Und als ich mich an eine der Ältesten wendete, stellte ich noch etwas anderes fest, das höchst interessant war. Diese alte Dame – sie war über neunzig – gab sich manchmal friedlichen, stillen Träumereien hin. Dabei schien es dann, als stricke sie in Gedanken, denn ihre Hände führten unablässig komplexe Bewegungen aus. Ihre Tochter, die ebenfalls die Gebärdensprache konnte, sagte mir jedoch, ihre Mutter stricke nicht, sondern denke – sie denke in der Gebärdensprache. Und selbst im Schlaf, erfuhr ich, malte die alte Dame manchmal bruchstückhafte Zeichen auf die Bettdecke: Sie träumte in der Gebärdensprache. Man würde der Bedeutung solcher Phänomene nicht gerecht, wenn man sie nur als soziale Erscheinungen betrachtete. Offensichtlich behält das Gehirn, der Geist eines Menschen, der die Gebärdensprache als erste Sprache gelernt hat, diese bei und bedient sich ihrer sein Leben lang, selbst wenn Gehör und Lautsprache nicht beeinträchtigt sind und in vollem Umfang zur Verfügung stehen. Ich war nun davon überzeugt, daß die Gebärdensprache eine elementare Sprache des Gehirns ist.

Aus: Oliver Sacks, Stumme Stimmen. S. 58 ff.

Arbeitshinweise:

1. Erläutern Sie, welchen Grund der beschriebene plötzliche Wechsel des Gesprächs in die Gebärdensprache haben könnte.
2. Welche Schlussfolgerungen ergeben sich Ihrer Ansicht nach über das Verhältnis von Sprache und Denken aus dem Beispiel der träumenden alten Dame?

M 2

Sprache und geistige Entwicklung

Ich habe kürzlich eine junge Frau, Deborah H., kennengelernt, die als hörendes Kind gehörloser Eltern mit der Gebärdensprache aufgewachsen ist. Sie sagte mir, daß sie oft in die Gebärdensprache zurückfällt und „in Gebärden denkt", wenn sie ein komplexes Problem lösen muß. Sprache hat ebenso wie eine soziale eine intellektuelle Funktion, und für Deborah, die inzwischen als Hörende in der Welt der Hörenden lebt, ist die soziale Funktion völlig selbstverständlich mit der artikulierten und geschriebenen Lautsprache verknüpft, während die intellektuelle Funktion für sie offenbar noch immer von der Gebärdensprache besetzt ist.

A. R. Lurija und F. J. Judowitsch beschreiben in ihrem Buch „Die Funktion der Sprache in der geistigen Entwicklung des Kindes" die eineiigen Zwillinge Jura und Ljoscha, die an einer (nicht auf Taubheit, sondern einer zerebralen Störung basierenden) angeborenen Sprachretardierung litten. Obwohl sie über eine normale, in mancher Hinsicht sogar überdurchschnittliche Intelligenz verfügten, verharrten diese Zwillinge in ihren Aktivitäten auf einer sehr primitiven Stufe – ihre Spiele wiederholten sich ständig und waren unkreativ. Sie hatten extreme Schwierigkeiten, Probleme zu lösen, komplexe Handlungen oder Pläne zu entwerfen. Sie besaßen, so Lurija, „eine besonders, ungenügend differenzierte Bewußtseinsstruktur [und] vermochten das Wort nicht von der Handlung abzulösen, um orientierende, planende Leistungen zu vollbringen und die Ziele des Handelns mit Hilfe der Sprache zu formulieren".

Als die Zwillinge getrennt wurden und jeder für sich ein normales Sprachsystem erlernte, „änderte sich bei beiden Zwillingen gleichzeitig die ganze geistige Struktur deutlich … und bereits nach drei Monaten beobachteten wir die Anfänge sinnvollen Spiels … Es entstand die Möglichkeit zu produktiver und konstruktiver Aktivität im Licht formulierter Ziele, und eine Reihe intellektueller Leistungen wurde bis zu einem bedeutenden Grad verselbständigt, die sich noch kurz vorher in einem embryonalen Zustand befunden hatten …"

All diese (um Lurijas Worte zu gebrauchen) „bedeutsamen Veränderungen", die nicht nur das intellektuelle Funktionieren, sondern das ganze Sein der Kinder betrafen, „konnten wir nur auf den Einfluß des einen geänderten Faktors zurückführen: auf die Aneignung der Sprache".

Lurija und Judowitsch gehen auch auf die Behinderungen ein, denen Gehörlose, die über keine Sprache verfügen, ausgesetzt sind: „Der Taubstumme, dem das Sprechen nicht beigebracht wurde, [besitzt] alle jene erst durch den Sprachgebrauch ermöglichten Formen, die Wirklichkeit zu reflektieren, nicht … [Er] deutet Objekte oder Handlungen durch Gesten an. Er ist außerstande, die Eigenschaft oder Handlungen vom aktuellen Gegenstand zu abstrahieren, also abstrakte Begriffe zu bilden und die Phänomene der Außenwelt mit Hilfe der durch die Sprache gelieferten abstrakten Signale zu systematisieren; denn diese Signale sind der visuell oder praktisch erworbenen Erfahrung nicht von Natur aus eigen." […]

Es ist bedauerlich, daß Lurija offenbar keine Erfahrungen mit Gehörlosen gesammelt hat, die eine Sprache fließend beherrschen, denn dann hätte er uns unvergleichliche Beschreibungen vom Erwerb der Fähigkeit zur Konzeptualisierung und Systematisierung mittels der Sprache liefern können.

Aus: Oliver Sacks, Stumme Stimmen. © 1990 by Rowohlt Verlag GmbH, Reinbek, S. 61 ff.

Arbeitshinweis:
Welche Funktionen der Sprache (hier der Gebärdensprache der Gehörlosen) werden aus den oben beschriebenen Beobachtungen deutlich?

M 1

Ist Französisch die bessere Sprache?

Ein französischer Politiker hat gesagt, die französische Sprache sei dadurch vor anderen Sprachen ausgezeichnet, daß in ihr die Wörter in der Reihenfolge stünden, wie man denkt.

Nach Ludwig Wittgenstein, Philosophische Grammatik, © Suhrkamp Verlag, Frankfurt/Main 1973, § 66

Arbeitshinweis:
Was ist zu einer solchen Ansicht zu bemerken?

M 2

Sprache und Farbwahrnehmung – über die Bedeutung der Farbwörter

Der Sprachforscher Leo Weisgerber hat die untrennbare Verbindung von Laut und Bedeutung und die Leistung des Wortes, die sich daraus ergibt, besonders überzeugend auf dem Gebiet der Farbnamen nachgewiesen. Bei einem Hirnverletzten des 1. Weltkrieges hatte die Verwundung zu einem Ausfall der Farbnamen geführt. Die Farbtüchtigkeit des Verletzten war an sich nicht beeinträchtigt. Er war z. B. durchaus in der Lage, ein bestimmtes Rot richtig als erdbeerfarbig und ein bestimmtes Blaus als kornblumenfarbig zu bezeichnen. Aber ihm waren, wie gesagt, die üblichen Farbnamen rot, blau, grün usw. entschwunden. Er gebrauchte dafür gegenstandsgebundene Bezeichnungen. Das Überraschende daran ist nun, daß er mit den Farbnamen auch die Fähigkeit verloren hatte, die mit den Augen richtig wahrgenommenen Farben an einem Begriff zu orientieren. Als man ihm eine Reihe bunter Wollfäden gab und ihm auftrug, alle roten Farbtöne herauszusuchen, versagte er. Er war nicht imstande, das Gemeinsame in den Farbschattierungen von Rosa bis Blutrot zu erfassen.

Aus: Herbert Drube, Zum deutschen Wortschatz. Historische und kritische Bemerkungen, München 1968, S. 16 f.

Arbeitshinweise:
1. Wie ist die Unfähigkeit des Soldaten bei der Unterscheidung von Farben zu erklären? (Welches Wissen ist dem Soldaten abhanden gekommen?)
2. Welche Leistung der Sprache für den Menschen lässt sich an diesem Beispiel erkennen?

Ludwig Wittgenstein: Denken und Sprechen

317. Irreführende Parallele: Der Schrei, ein Ausdruck des Schmerzes – der Satz, ein Ausdruck des Gedankens! Als wäre es der Zwecke eines Satzes, Einen wissen zu lassen, wie es dem Andern zu Mute ist: Nur, sozusagen, im Denkapparat und nicht im Magen.

329. Wenn ich in der Sprache denke, so schweben mir nicht neben dem sprachlichen Ausdruck noch „Bedeutungen" vor; sondern die Sprache selbst ist das Vehikel des Denkens.

330. Ist das Denken eine Art Sprechen? Man möchte sagen, es ist das, was denkendes Sprechen vom gedankenlosen Sprechen unterscheidet. – Und da scheint es eine Begleitung des Sprechens zu sein. Ein Vorgang, der vielleicht auch etwas anderes begleiten, oder selbständig ablaufen kann.
Sprich die Zeile: „Die Feder ist wohl stumpf. Nu, nu, sie geht." Einmal denkend; dann gedankenlos; dann denk nur den Gedanken, aber ohne Worte. – Nun, ich könnte, im Laufe einer Handlung, die Spitze meiner Feder prüfen, mein Gesicht verziehen, – dann mit einer Gebärde der Resignation weiterschreiben. […] Aber was hier das Denken ausmacht, ist nicht ein Vorgang, der die Worte begleiten muß, wenn sie nicht gedankenlos ausgesprochen sein sollen.

332. „Denken" nennen wir wohl manchmal, den Satz mit einem seelischen Vorgang begleiten, aber „Gedanke" nennen wir nicht jene Begleitung. – Sprich einen Satz und denke ihn; sprich ihn mit Verständnis! Und nun sprich ihn nicht, und tu nur das, womit du ihn beim verständnisvollen Sprechen begleitet hast! – (Sing das Lied mit Ausdruck! Und nun sing es nicht, aber wiederhole den Ausdruck! – Und man könnte auch hier etwas wiederholen; z. B. Schwingungen des Körpers, langsameres und schnelleres Atmen, etc.)

335. Was geschieht, wenn wir uns bemühen – etwa beim Schreiben eines Briefes – den richtigen Ausdruck für unsere Gedanken zu finden? – Diese Redeweise vergleicht den Vorgang dem einer Übersetzung, oder Beschreibung: Die Gedanken sind da (etwa schon vorher), und wir suchen nur noch nach ihrem Ausdruck. Dieses Bild trifft für verschiedene Fälle mehr oder weniger zu. – Aber was kann hier nicht alles geschehen! – Ich gebe mich einer Stimmung hin, und der Ausdruck kommt. Oder: es schwebt mir ein Bild vor, das ich zu beschreiben trachte. Oder: es fiel mir ein englischer Ausdruck ein, und ich will mich auf den entsprechenden deutschen besinnen. Oder: ich mache eine Gebärde und frage mich: „Welches sind die Worte, die dieser Gebärde entsprechen?" Etc.
Wenn man nun fragte: „Hast du den Gedanken, ehe du den Ausdruck hattest?" – was müßte man da antworten? Und was auf die Frage: „Worin bestand der Gedanke, wie er vor dem Ausdruck vorhanden war?"

337. Aber habe ich nicht die Gesamtform des Satzes, z. B., schon an seinem Anfang beabsichtigt? Also war er mir doch schon im Geiste, ehe er noch ausgesprochen war! – Wenn er mir im Geiste war, dann, im allgemeinen, nicht mit anderer Wortstellung. Aber wir machen uns hier wieder ein irreführendes Bild von ‚Beabsichtigen', d. h. vom Gebrauch dieses Worts. Die Absicht ist eingebettet in der Situation, den menschlichen Gepflogenheiten und Institutionen. Gäbe es nicht die Technik des Schachspiels, so könnte ich nicht beabsichtigen, eine Schachpartie zu spielen. Soweit ich die Satzform im voraus beabsichtige, ist dies dadurch ermöglicht, daß ich deutsch sprechen kann.

338. Man kann doch nur etwas sagen, wenn man sprechen gelernt hat. Wer also etwas sagen *will*, muß dazu auch gelernt haben, eine Sprache zu beherrschen; und doch ist es klar, daß er beim Sprechenwollen nicht sprechen mußte. Wie er auch beim Tanzenwollen nicht tanzt.

341. Gedankenloses und nicht gedankenloses Sprechen ist zu vergleichen dem gedankenlosen und nicht gedankenlosen Spielen eines Musikstücks.

501. „Der Zweck der Sprache ist, Gedanken auszudrücken." – So ist es wohl der Zweck jedes Satzes, einen Gedanken auszudrücken. Welchen Gedanken drückt also z. B. der Satz „Es regnet" aus?

Aus: Ludwig Wittgenstein, Philosophische Untersuchungen,

Arbeitshinweise:

1. Was sagt Wittgenstein zu der Behauptung, der Satz sei ein Ausdruck unserer Gedanken?
2. Wie widerlegt Wittgenstein die Auffassung, Denken begleite unser Sprechen?
3. Wie zeigt Wittgenstein, dass das Sagenwollen eines nicht verfügbaren Ausdrucks kein Beweis für die Sprachunabhängigkeit unseres Denkens sein kann?

Eike von Savigny: Über Ludwig Wittgenstein

Geistiges unterscheidet sich von Nichtgeistigem durch Komponenten in der geistigen Sphäre. – Da *lesen* eine andere Bedeutung hat als zum Beispiel *hersagen*, muß es etwas anderes bezeichnen als *hersagen*, und da der äußere Vorgang gleich ist, ist das, was durch *lesen* bezeichnet wird, nur zum Teil ein Hersagen; noch etwas, noch ein Etwas tritt hinzu: das geistige Erlebnis des Lesens oder der geistige Zustand des Lesenkönnens. Auch hier gibt es zwei mögliche Haltungen dessen, der nach zusätzlichen Komponenten sucht, ohne sie zu finden: Entweder ist er überzeugt, daß es sie geben müsse, und seine ergebnislose Suche sagt ihm nur, diese geistige Komponente sei eben verborgen und schwer greifbar; oder er nimmt die ergebnislose Suche als guten Grund für die Annahme, es gebe eben die postulierte Komponente nicht. Wittgenstein sucht lange und geduldig nach geistigen Vorgängen, Erlebnissen, Zuständen, Empfindungen, die für das Lesen (im Gegensatz zum Hersagen), für das bewußte, bemühte Lesen (im Gegensatz zum flüssigen, mechanischen Lesen), für das bedachte Sprechen (im Gegensatz zum unbedachten), für das gewollte Handeln (im Gegensatz zum ungewollten) und für viele andere menschliche Verhaltensweisen wesentlich sein könnten [...]; aber er findet keine. Bedachtes Sprechen unterscheidet sich vom unbedachten einfach nicht dadurch, daß man beim bedachten zusätzlich zum Sprechen auch noch denkt – etwa kurz vorher oder gleichzeitig. Nichts Derartiges kurz vorher oder gleichzeitig spielt irgendeine Rolle.

Wittgenstein zeigt das in mehreren Schritten: Erstens mustert er alle Kandidaten. Ist zum Beispiel für das bemühte, bewußte Lesen wesentlich, daß man die Worte auch zu sich selber sagt? Nein, denn das tut man nicht immer. Ist da ein Vorgang, Buchstaben zu Wörtern zusammenzusetzen? Nein – bei manchen Wörtern, etwa schwierigen; aber keineswegs immer (PU 156). Ist da die geistige Tätigkeit, bewußt eine Regel anzuwenden, etwa eine Schrift-Laut-Tabelle, nach der der Text so und nicht anders in Laute umzuformen ist? Nein; denn diese besondere Tätigkeit des Ableitens aus Tabellen gibt es nicht – vom Ableiten aus Tabellen sprechen wir in vielen verschiedenen Fällen (PU 162–164). Ist da der Vorgang, daß die Wörter in bestimmter Weise „kommen", nämlich „nicht so, wie sie kämen, wenn ich sie z. B. ersänne" (PU 165)? Nein; denn diese besondere Weise des Kommens ist eine Fiktion (PU 166). Wittgenstein führt diese Analyse bis PU 178 fort, ohne einen passablen Kandidaten zu finden; also ist es vernünftig zu sagen: Diese geistige Komponente gibt es nicht.

Ein zweiter Schritt der Kritik besteht dann in der Feststellung, daß so eine Komponente unwesentlich wäre; denn bedachtes Sprechen zum Beispiel verhält sich zum unbedachten Sprechen nicht so wie das Ganze aus den Komponenten a und b zur Komponente b. Die Antwort auf die Frage *spricht er mit Bedacht?* müßte sonst zu finden sein, indem man erstens nach dem Sprechen suchte und zweitens nach dem Denken. So findet man die Antwort aber nicht; man schickt nicht einen auf die Suche nach Anzeichen für das Sprechen und den anderen auf die Suche nach Anzeichen für das Denken [...]; sondern man untersucht, ob der Sprecher in bestimmter Weise gesprochen hat und seine Worte in bestimmter Weise zu den Umständen passen. Ganz gleich, wie Denken und Sprechen sich zueinander verhalten: sie verhalten sich nicht zueinander wie zweierlei, zum Beispiel wie zwei Tätigkeiten, die einmal zusammen, einmal getrennt verlaufen. Daraus folgt unmittelbar: Selbst wenn es gelingen sollte, einen Vorgang zu finden, etwa ein bestimmtes Erlebnis, das immer dann aufträte, wenn man mit Bedacht spricht, so wäre es doch ganz unwesentlich. Denn für die Antwort auf die Frage, ob man mit Bedacht spricht, würde es nicht auf dieses Erlebnis ankommen. [...]

Auch bei der Lehre von den geistigen Zusatzkomponenten zu körperlichen Vorgängen spielen sprachliche Fallen eine Rolle. Wittgenstein nennt Ausdrucksformen, die sich in dieser Beziehung hinterhältig benehmen, besonders häufig für *denken*. Tiere sprechen nicht, weil sie nicht denken (PU 25); verführerisches Muster: Fliegen stechen nicht, weil sie keinen Stachel haben. Man kann eine Linie mit oder ohne Bedacht ziehen (PU 174); Muster: Kaffee mit und ohne Zucker. Man kann denkend sprechen oder nicht (PU 318); Muster: laufend oder stehend sprechen. Die Frage *kann man denken, ohne zu reden?* (PU 327, 330) wird gestellt nach dem Muster *kann man summen, ohne zu reden?* Der richtige Ausdruck für den Gedanken (PU 335) – das klingt wie: die richtige Schachtel für den Hut. An all diese Ausdrucksformen sind wir als an Ausdrucksformen für zwei Sachen gewöhnt; also werden sie auch hier so aufgefaßt und Denken als zweite Sache neben Sprechen, Arbeiten usw. gesetzt.

Aus: Eike von Savigny, Die Philosophie der normalen Sprache, , S. 34

Arbeitshinweise:
1. Welcher Unterschied besteht nach herkömmlicher Auffassung zwischen dem Lesen und Hersagen eines Textes?
2. Wie kritisiert Wittgenstein diese Auffassung?
3. Wie entsteht nach Wittgenstein die Auffassung, „Denken sei eine Sache neben dem Sprechen"?

M1

Fritz Mauthner: Ein Lösungsversuch

Dies steht der Wahrheit am starrsten im Wege, daß die Menschen alle glauben zu denken, während sie doch nur sprechen, daß aber auch die Denkgelehrten und Seelenforscher allesamt von einem Denken reden, für welches das Sprechen höchstens das Werkzeug sein soll. [...] Das ist aber nicht wahr, es gibt kein Denken ohne Sprechen, das heißt ohne Worte. Oder richtiger: Es gibt gar kein Denken, es gibt nur Sprechen. Das Denken ist das Sprechen auf seinen Ladenwert hin beurteilt.[...]
Ein Denken über dem Sprechen, eine Logik über die Sprachlehre hinaus, einen Logos über die Worte hinaus, Ideen über die Dinge hinaus gibt es so wenig wie eine Lebenskraft über dem Lebendigen, wie eine Wärme über der Wärmeempfindung, wie eine Hundheit über den Hunden. [...]
Die Behauptungen über das Verhältnis von Denken und Sprechen schienen uns so lange ein Wortstreit, als wir nicht wußten, was Denken und Sprechen eigentlich sei. [...] Sprache, ja selbst die konkrete Individualsprache ist immer nur ein Abstraktum; wirklich ist immer nur der augenblicklich durch Bewegung hervorgebrachte Laut, welcher ein Zeichen ist für irgendwelche ererbte oder erworbene Erinnerung. [...]
Auch daran wurden wir erinnert, was das Denken sei. Ob laut oder leise, das Denken ist immer ein inwendiges Vergleichen dieser Erinnerungszeichen. Wir können Sinneseindrücke in uns aufnehmen ohne solche Zeichen; wir können uns in der gegenwärtigen Welt ohne solche Zeichen orientieren; und wenn wir dieses Aufnehmen und dieses Orientieren durchaus ein Denken nennen wollen, so steht dem nichts im Wege. [...] Vorläufig aber nennt man das Aufnehmen von Sinneseindrücken und die Orientierung in der gegenwärtigen Wirklichkeitswelt nicht Denken. Vorläufig versteht man unter Denken das Vergleichen von Erinnerungszeichen, denen die Sinneseindrücke und die damalige Gegenwart vorangegangen sind. Soll nun jetzt noch für uns die Frage nach dem Verhältnis von Denken Sprechen einen wertvollen Sinn haben, so erhebt sie sich plötzlich in ein anderes Gebiet und müßte allgemein so formuliert werden: Besitzen wir ein Gedächtnis ohne Gedächtniszeichen? Dieser Frage steht die Sprachphilosophie ganz hilflos gegenüber [...]. Das Verdienst dieser Fassung besteht eben nur – wie so oft – in der neuen Formulierung einer alten Frage [...]. So viel scheint uns aber jetzt schon gewiß, daß das Denken und das Sprechen in dem Begriff des Gedächtnisses zusammenfließen und daß für denjenigen, der das Wesen der Erinnerung hätte, ein Gegensatz zwischen Denken und Sprechen nicht mehr vorhanden wäre.

Aus: Fritz Mauthner, Beiträge zu einer Kritik der Sprache, Band 1, Leipzig 1923, S. 176–202

Arbeitshinweise:
1. Wie definiert Mauthner „Sprache" und „Denken"?
2. Wie löst er das Problem von Sprache und Denken? Erscheint Ihnen sein Vorgehen plausibel?

M2

Definitionen von „Denken"

Denken ist ein vieldeutiger und vager Ausdruck ohne umfassende Definition. Gemeinsam ist der Bezug auf „geistige Leistungen", speziell menschliche. [...]
1. In der Umgangssprache sind drei Hauptbedeutungen erkennbar: Glauben („denken, daß..."), Im-Bewußtsein-Haben („denken an", „Denkmal") und Denken als Synonym für „intelligente Leistung" („Denksportaufgabe"). [...]
2. In der Philosophie zeigt sich die gleiche Bedeutungsvielfalt [...]. Als Charakteristika gelten seit der Antike der Bezug auf Allgemeines (Denken in Begriffen) sowie die enge Verbindung zur Sprache und zum mentalen „Inneren" (Platons Definition des Denkens als stilles Sprechen). Zentral ist die Gegenüberstellung von Glaube und Wirklichkeit („Denken und Sein"), die den philosophischen Begriff des Denkens mit der Frage nach seiner empirischen, nichtempirischen oder inferentiellen „Richtigkeit" verbindet. Dabei kann nicht nur das Glauben selbst, sondern auch die es rechtfertigenden Leistungen des Schließens, „Erfassens" von Axiomen oder des Verifizierens insgesamt Denken genannt werden. [...]
3. Der psychologische Denkbegriff folgt den verwendeten empirischen Untersuchungsmethoden. [...] Als Denken thematisiert werden Phänomene wie Urteil, Schlußfolgerung, Entscheidung und „Kreativität", vor allem verschiedene Formen des „Problemlösens" und (als Spezialfall hiervon) der „Begriffsbildung". Eine allgemeingültige Typologie fehlt. *G. Seebaß*

Aus: Friedo Ricken (Hrsg.), Lexikon der Erkenntnistheorie und Metaphysik, Beck'sche Reihe Nr. 288, CH. Beck'sche Verlagsbuchhandlung, München 1984, S. 38–39

Arbeitshinweise:
1. Fassen Sie die einzelnen Bestimmungen von „Denken" in dem Lexikonartikel zusammen.
2. Ordnen Sie die Beispielsätze 1–8 diesen Bestimmungen zu.

1. Nur durch unser **Denken** erfassen wir das Wesen der Dinge.
2. Ich **denke**, dass der VFB Stuttgart Deutscher Meister wird.
3. Bereits Kinder, die noch keine Sprache besitzen, können **denken**, weil sie fähig sind, Problemstellungen zu lösen.
4. Die Wahrheitsfindung ist eine Sache des **Denkens**.
5. **Denke** daran, mir den Bleistift zurückzugeben.
6. Manche Tiere beweisen ihre **Denk**fähigkeit durch Kreativität.
7. Der Satz „A = A" ist eines der ersten gültigen **Denk**gesetze.
8. Manche Zeitungen haben Rätsel, bei deren Lösung intensiv nach**gedacht** werden muß.
9. Zu dem Ergebnis kam ich durch folgenden **Denk**vorgang: Sokrates ist ein Mensch. Alle Menschen sind sterblich. Folglich ist Sokrates sterblich.

M 3

„Was ist Denken?" – Gibt es eine Antwort?

316. Um über die Bedeutung des Wortes „denken" klar zu werden, schauen wir uns selbst beim Denken zu: Was wir da beobachten, werde das sein, was das Wort bedeutet! – Aber so wird dieser Begriff eben nicht gebraucht, (es wäre ähnlich, wenn ich, ohne Kenntnis des Schachspiels, durch genaues Beobachten des letzten Zuges einer Schachpartie herausbringen wollte, was das Wort „mattsetzen" bedeutet.)

383. Wir analysieren nicht ein Phänomen (z. B. das Denken), sondern einen Begriff (z. B. den des Denkens), und also die Anwendung eines Worts.[...]

116. Wenn die Philosophen ein Wort gebrauchen – „Wissen", „Sein", „Gegenstand", „Ich", „Satz", „Name" – und das Wesen der Dinge zu erfassen trachten, muß man sich immer fragen: Wird denn dieses Wort in der Sprache, in der es seine Heimat hat, je tatsächlich so gebraucht? – Wir führen die Wörter von ihrer metaphysischen auf ihre alltägliche Verwendung zurück.

47. Aber welches sind die einfachen Bestandteile, aus denen sich die Realität zusammensetzt? – Was sind die einfachen Bestandteile eines Sessels? – Die Stücke Holz, aus denen er zusammengefügt ist? Oder die Moleküle, oder die Atome? [...] Oder: Besteht mein Gesichtsbild dieses Baumes, dieses Sessels, aus Teilen? Und welches sind seine einfachen Bestandteile? Mehrfarbigkeit ist *eine* Art der Zusammengesetztheit; eine andere ist, z. B., die einer gebrochenen Kontur aus geraden Stücken. Und ein Kurvenstück kann man zusammengesetzt nennen aus einem aufsteigenden und absteigenden Ast. [...] Aber ist z. B. nicht ein Schachbrett offenbar und schlechtweg zusammengesetzt? – Du denkst wohl an die Zusammensetzung aus 32 weißen und 32 schwarzen Quadraten. Aber könnten wir z. B. nicht auch sagen, es sei aus Farben Weiß, Schwarz und dem Schema des Quadratnetzes zusammengesetzt? Und wenn es hier ganz verschiedene Betrachtungsweisen gibt, willst du dann noch sagen, das Schachbrett sei „zusammengesetzt" schlechtweg? – *Außerhalb* eines bestimmten Spiels zu fragen „Ist dieser Gegenstand zusammengesetzt?", das ist ähnlich dem, was einmal ein Junge tat, der angeben sollte, ob die Zeitwörter in gewissen Satzbeispielen in der aktiven, oder in der passiven Form gebraucht seien, und der sich nun darüber den Kopf zerbrach, ob z. B. das Zeitwort „schlafen" etwas Aktives oder etwas Passives bedeutet. [...] Auf die philosophische Frage: „Ist das Gesichtsbild dieses Baumes zusammengesetzt, und welches sind seine Bestandteile?" ist die richtige Antwort: „Das kommt drauf an, was du unter „zusammengesetzt" verstehst." (Und das ist natürlich keine Beantwortung, sondern eine Zurückweisung der Frage.)

Aus: Ludwig Wittgenstein, Philosophische Untersuchungen,

Arbeitshinweise:
1. Wie muss man nach Wittgenstein vorgehen, um den Sinn eines Wortes wie „Denken" zu verstehen?
2. Welchen Fehler machen die Philosophen in ihren Fragestellungen?
3. Welche Möglichkeiten sieht Wittgenstein, die philosophischen Fragestellungen zu lösen? Welche Antwort wird er wohl auf die Frage „Was ist Denken?" geben?

A 22 Denken ohne Sprache? – 1. Beweisversuch

Klassifizieren ohne Sprache?

Mit Hilfe experimenteller Untersuchungen an 4–6jährigen normalen gehörlosen, noch nicht versprachlichten Kindern wird gezeigt, daß ein bestimmter Grad abstrakt-begrifflichen Denkens selbst unter den Bedingungen des totalen Fehlens des Wortverständnisses und der expressiven Sprache erreicht werden kann. Die Kinder waren imstande, lediglich auf Grund einiger non-verbaler Instruktionen und Demonstrationen a) aus je einer Gruppe gleichartiger Gegenstände (Puppen, bzw. Würfel, Säckchen, Kreisscheiben mit verschiedenen Punktmengen, Graunuancen usw.), die sich hinsichtlich ihres Volumens, ihres Gewichts, ihrer Menge, Helligkeit usw. unterscheiden, die „Extremwerte", d. h. das größte und das kleinste, das leichteste und das schwerste Objekt usw. auszuwählen, b) aus einer größeren Anzahl simultan gebotener heterogener Objektgruppen jeweils die beiden „Extremwerte" auszugliedern und dann aus den höchsten bzw. niedrigsten Extremwerten je eine gesonderte Gruppe zu bilden (einerseits alle größten, längsten, schwersten, usw., andererseits alle kleinsten, kürzesten, leichtesten usw.), c) sukzessiv aus ein- und derselben Objektgruppe (Zylinder), deren Elemente sich sowohl hinsichtlich ihres Gewichts als auch ihres Volumens unterscheiden, wobei der schwerste Zylinder nicht gleichzeitig der größte ist usw. –, zuerst die Extremwerte der einen, dann die der anderen Kategorie auszuwählen, d) folgende komplizierte kognitive Operationen durchzuführen: eine Gruppe von Türmchen, die sich untereinander durch ihre Höhe, d. h. die Anzahl der Elemente, aus denen sie aufgebaut waren, unterscheiden, mußten durch entsprechende Reduzierung der Anzahl dieser Türmchen so verändert werden, daß eines der mittleren Türmchen einmal „das größte" und einmal „das kleinste" wurde (reversible Transformation eines „Mittelwertes").

Die erzielten Untersuchungsergebnisse wurden als Beweis für die Möglichkeit nichtsprachlicher Kodierungs- und Dekodierungsformen mathematisch-logischer Beziehungen auf einer zwar elementaren, aber dennoch eindeutig abstrakt-begrifflichen Ebene angesehen. Es wird auf die Notwendigkeit hingewiesen, diese Fakten in bezug auf ihre Konsequenzen für die Erkenntnistheorie, Logik, Psychologie, Linguistik, Informationstheorie sowie hinsichtlich ihrer didaktischen Bedeutung zu überprüfen.

Aus: B. Weigl/B. Metze, Experimentelle Untersuchungen zum Problem des nicht sprachgebundenen begrifflichen Denkens, in: Schweizer Zeitschrift für Psychologie 27 (1968), S. 14–15

Arbeitshinweise:

1. Beschreiben Sie in eigenen Worten die Testergebnisse.
2. Welche intelligente Leistung wird von den Testpersonen erbracht?
3. Beweisen die Testergebnisse die Sprachunabhängigkeit des Denkens?

Mehrsprachigkeit

(...) Gleichzeitig jedoch wird man gewahr, daß die einzelnen Wörter, die man benutzt, nur selten wichtig oder gar unerläßlich sind. Ihr Verhältnis zu den Gedanken, die sie ausdrücken, ist recht zufällig; andere Wörter, ja sogar Wörter anderer Sprachen können dieselben Gedanken ebenso gut ausdrücken. (...)

Zur Verdeutlichung ein Beispiel: Einer meiner Freunde aus Amerika besuchte kürzlich Frankreich. Er konnte verhältnismäßig gut französisch *lesen*, aber er hatte nie versucht, französisch zu *sprechen*. Sein Besuch führte also zu einer ersten Begegnung mit der französischen Sprache als einer lebenden, gesprochenen Sprache, und mein Freund war höchst enttäuscht, daß er die Worte, die ihm gedruckt so vertraut waren, nicht hören konnte. (...)

Eines Abends sah er sich einen französischen Film an. Es war ein historischer Film über die Napoleonischen Kriege. Mein Freund wußte genug über europäische Geschichte, um der Handlung, trotz seiner Schwierigkeiten mit dem französischen Dialog, folgen zu können. Plötzlich aber wechselte die Szene, und die Worte der handelnden Personen erschienen als geschriebener französischer Untertext. Mein Freund war begeistert. Nach Tagen lähmender Enttäuschung konnte er endlich wieder etwas verstehen. Er stellte mit Genugtuung fest, daß ihm die französische Sprache genauso geläufig war wie seine Muttersprache, sobald er nur den Wortlaut gedruckt vor sich hatte. Mit dem gedruckten Text vor Augen, konnte er nun auch den gesprochenen Dialog ganz klar verstehen. Aber plötzlich leuchtete ihm ein, daß ihm der Dialog aus einem ganz anderen Grunde so verständlich geworden war: Die Szene war nämlich nach England übergewechselt, und die Akteure sprachen realistischerweise englisch. In seinem Eifer, der Handlung zu folgen, hatte mein Freund den Augenblick, in dem der Dialog vom Französischen zum Englischen übergegangen war, überhaupt nicht zur Kenntnis genommen.

Menschen, die in mehreren Sprachen zu Hause sind, kennen viele solcher Geschichten, Augenblicke, in denen ihnen völlig entging, welche Sprache sie gerade hörten, oder sogar, in welcher sie selber redeten. Solche Vorfälle sind ein extremes Beispiel für das, was gemeint ist, wenn man die merkwürdige Transparenz der natürlichen Sprache erwähnt, wir können durch die einzelnen Wörter hindurch den Gedanken „sehen", den sie anzeigen. Nachdem wir den Gedanken erfaßt haben, werfen wir die Wörter, die ihn mitteilten, über Bord – so gründlich, daß wir manchmal sogar vergessen, aus welcher Sprache die verwendeten Wörter stammten.

Die Transparenz der Sprache ist auch der Grund dafür, daß die Beziehung zwischen Wort und Idee, zwischen Reden und Denken so herausfordernd rätselhaft ist. Wenn sprachliche Symbole tatsächlich ein unverzichtbares Vehikel allen menschlichen Denkens sind, warum kommen sie uns dann manchmal so zufällig, ja belanglos vor?

Aus: George A. Miller, Sprache und Denken, in: Otto Walter Haseloff (Hrsg.), Kommunikation, Berlin 1969, Kolloquium Verlag/Forschung und Information 3, S. 71–72

Arbeitshinweise:

1. Geben Sie das Beispiel mit dem Freund aus Amerika mit eigenen Worten wieder.
2. Inwiefern ist Mehrsprachigkeit für den Autor ein Beweis für die Sprachunabhängigkeitsthese?

A 24 Denken ohne Sprache? – 3. Beweisversuch

Identifizierendes Denken

Wenn wir sprachlich formulieren wollen, daß von einem Getr ein Ge ausgeht, das auf ein Gezl gerichtet ist, und hiermit die Wortinhalte für Getr „Junge", für Ge „füttern" und für Gezl „Hund" eingesetzt werden, so liegt die Ausdrucksform „der Junge füttert den Hund" nahe.

Statt dessen erlaubt die Sprache aber auch die folgenden Ausdrucksformen:

der den Hund fütternde Junge
der Junge, der den Hund füttert
der Hund wird von dem Jungen gefüttert
(...)
das Hundefüttern des Jungen

Bei allen diesen (...) Ausdrucksformen bleibt „Junge" Getr, „füttern" oder „Fütterung" Ge, „Hund" Gezl. D. h., durch das Zusammenhanggefüge, welcher Art auch immer es hier ist, wird immer dasselbe ausgesprochen – was wir in der Formel Getr△Ge△Gezl gefaßt haben.

Allen Ausdrucksformen ist damit derselbe grammatisch inhaltliche Komplex gemeinsam. Es meint das in allen diesen Ausdrucksformen mit sich selbst Identische, das neben den mit den Wortinhalten bezeichneten einzelnen Begriffen, die auch Identität haben, da ist. Es ist aber nicht möglich, dieses identisch Inhaltliche auszusprechen, ohne eine der oben genannten sprachlichen Formgefüge, die sich in ihren grammatischen Strukturen erheblich voneinander unterscheiden, zu gebrauchen. Jedes aber modifiziert das Identische insofern, als jedes diesem etwas „Okkasionelles", „Akzessorisches" beifügt. Das sind einmal die Lautformen, zum andern die mit diesem mit herangebrachten verschiedenen grammatischen Inhalte. Diese Modifikatoren können wir benennen und der erwähnten Formel beifügen.

Dennoch kann man das Identische als es selbst denken. Und indem man es tut, muß man gerade von den sprachlichen Verschiedenheiten der (...) aufgezählten Ausdrucksformen absehen (...). Nicht einmal an die Wortinhalte ist man streng gebunden, man könnte (1) Hund und Junge austauschen: „Der Hund füttert den Jungen"; (2) selbstverständlich alle Wörter auch durch viele andere ersetzen. Die Formel Getr△Ge△Gezl bleibt dieselbe. Es ist möglich, sämtliche sprachlichen Formulierungen abzustreifen und den erkannten identischen Inhalt ohne sie zu denken.

Man kann diese Art zu denken *identifizierendes Denken* nennen. Es geht hier von sprachlichen Ausdrucksformen aus, erfaßt deren Wortinhalte, erfaßt weiterhin in ihren vielfältigen Fügungen jenseits der Wortinhalte einen strukturierten Komplex von Begriffen, der in allen noch so verschiedenartigen Fügungen noch so verschiedenartiger Wortinhalte als derselbe Komplex gefunden wird.

Das identifizierende Denken ist nicht nur unabhängig von der Ausdrucksform, sondern auch von den Wortinhalten. Dieses als Identisches durch das Denken Erfaßte ist daher nicht mehr sprachlich modifiziert.

Aus: Alfred Hoppe, Sprache und Denken, in: Karl Steinbuch/Simon Moser (Hrsg.), Philosophie und Kybernetik, München 1970, by nymphenburger in der F.A. Herbig Verlagsbuchhandlung GmbH/Sammlung dialog 38, S. 72–73

Arbeitshinweise:
1. Was versteht der Autor unter „identifizierendem Denken"?
2. Inwiefern ist dieses Denken in seinen Augen ein Beweis für die Sprachunabhängigkeitsthese?
3. Erscheint Ihnen dieser Gedankengang überzeugend?

Sprachverkürzungen

Unsere Untersuchung der inneren Sprache führte uns zu der Überzeugung, daß die innere Sprache nicht als Sprache minus Zeichen betrachtet werden darf, sondern als eine in Aufbau und Ablauf besondere sprachliche Funktion. [...] Diese erste Eigenart der inneren Sprache ist ihre ganz spezielle Syntax. Bei der Untersuchung der Syntax der inneren Sprache in der egozentrischen Sprache des Kindes fanden wir eine Tendenz, die in dem Maß anwächst, wie sich die egozentrische Sprache entwickelt. Sie besteht in der scheinbaren Zusammenhanglosigkeit, dem fragmentarischen Charakter und der Verkürzung der inneren Sprache im Vergleich zur äußeren. [...]

Die genetische Untersuchung zeigt unmittelbar, wie und woraus die Verkürzung entsteht. In Form eines allgemeinen Gesetzes können wir sagen, daß die egozentrische Sprache, in dem Maße, wie sie sich entwickelt, nicht eine einfache Tendenz zur Verkürzung, keinen einfachen Übergang zum Telegrammstil erkennen läßt, sondern eine Verkürzung des Satzes unter Beibehaltung des Prädikats und der dazugehörigen Wörter auf Kosten der Auslassung des Subjektes und der dazugehörigen Wörter. [...]

Um sich das klarzumachen, muß man ein analoges Bild verwenden, das unter bestimmten Umständen in der äußeren Sprache entsteht. Der rein prädikative Charakter entsteht in der äußeren Sprache in zwei Hauptfällen: entweder in der Situation der Antwort oder in einer Situation, bei der das Subjekt des ausgesagten Urteils dem Gesprächspartner im voraus bekannt ist. Auf eine Frage, ob man ein Glas Tee wünsche, wir niemand mit dem vollen Satz antworten: „Nein, ich möchte kein Glas Tee haben", sondern die Antwort wird rein prädikativ lauten: „Nein". Sie wird nur das Prädikat enthalten. Offensichtlich ist ein solcher prädikativer Satz nur deshalb möglich, weil ein Subjekt – das, worüber in diesem Satz etwas ausgesagt wird – von dem Gesprächspartner hinzugedacht wurde. [...]

Ganz analog ist die Situation auch im zweiten Fall, bei der das Subjekt des ausgesagten Urteils den Gesprächspartnern von vornherein bekannt ist. Stellen wir uns vor, daß einige Leute an der Haltestelle auf die Straßenbahn warten, um in eine bestimmte Richtung zu fahren. Niemals wird jemand von diesen Leuten, wenn er die nahende Straßenbahn bemerkt hat, in voller Form sagen: „Die Straßenbahn B, auf die wir warten, um da und dort hinzufahren, kommt", sondern die Aussage wird stets auf das Prädikat allein verkürzt werden: „Sie kommt" oder „Die B". Offensichtlich ist in diesem Fall der rein prädikative Satz in der lebendigen Sprache entstanden, weil das Subjekt und die dazugehörigen Wörter unmittelbar aus der Situation bekannt waren, in der sich die Gesprächspartner befanden. [...]

Bei Gleichartigkeit der Gedanken der Gesprächspartner, bei gleicher Bewußtseinslage sind sprachliche Äußerungen auf ein Minimum reduziert. Aber dennoch verstehen sie sich fehlerlos. Tolstoi macht in einem andern Werk darauf aufmerksam, daß zwischen Menschen, die in einem sehr engen Kontakt stehen, ein solches Verstehen mit Hilfe einer verkürzten Sprache auf Andeutungen hin eher die Regel als die Ausnahme darstellt:

„Lewin war bereits daran gewöhnt, jetzt ohne weiteres seine Gedanken auszusprechen, ohne sich die Mühe zu machen, sie in exakte Worte zu kleiden; er wußte, daß seine Frau in solchen Augenblicken der Liebe wie jetzt aus Andeutungen verstehen wird, was er sagen will; und die verstand ihn."

Aus: Lew Semjonowitsch Wygotski, Denken und Sprechen. Stuttgart 1970, S. 328–332.

Arbeitshinweise:

1. Was versteht Wygotski unter einer inneren Sprache?
2. Was versteht er unter der egozentrischen Sprache?
3. Welche Beispiele führt er zur Verdeutlichung der egozentrischen Sprache an?
4. Welche Folgerungen über das Verhältnis von Sprache und Denken sind aus diesen Beispielen zu ziehen?

Bedeutungserfassung ohne sprachliche Äußerung

Man betrachte nur ein ordinäres Stück Gespräch etwas genauer, zum Beispiel dieses im Rundfunk gesendete Telefongespräch. Hörer: *Also ich bin dagegen, daß das mit dem Katalysator, da bin ich total dagegen.* Moderator: *Sie finden, die Autos sollten die Schadstoffe na eben ruhig in die Gegend blasen?* Hörer: *Aber was denn. Ich finde nur, jeder sollte selber darüber entscheiden können, jeder Privatmann auch.* Moderator: *Ob er die Umwelt verpestet?* Hörer: *Daß er die Umwelt gerade nicht verpestet.* Moderator: *Dann sind Sie doch für den Katalysator?* Hörer: *Ich habe doch gerade gesagt, ich bin nicht für den Katalysator, sondern daß die Giftwerte, ich meine, eine Grenze, die sollte festgesetzt werden, und dann muß eben jeder selber zusehen, wie und ob mit dem Katalysator und so.* Moderator: *Ach so, wenn ich Sie jetzt recht verstehe, wollen Sie sagen, der Staat soll nicht die Methode der Entgiftung vorschreiben, sondern Grenzwerte der Schadstoffemission bestimmen, und dann soll es dem einzelnen überlassen bleiben, wie er sie einhält.* Hörer: *Genau. Hab ich das nicht gesagt?* Moderator: *Ich dachte, Sie sind gegen den Katalysator.* Hörer: *Na, der ist doch das mindeste, was man verlangen kann, wenn ich's mir recht überlege. Sehen Sie, für die Umwelt da müssen wir schon mal uns endlich was einfallen lassen dafür.*

Es kommt hier nicht auf die grammatische Fehlerhaftigkeit an. Sie ist vieler mündlicher Rede eigen, meist bemerken wir sie gar nicht, und erst in Schriftform fällt sie auf. Hier soll etwas anderes interessieren. Der Hörer hat offenbar eine ziemlich ausführliche und genaue Bedeutungsvorstellung in das Gespräch mitgebracht. Sie ist ihm die ganze Zeit gegenwärtig, und im Laufe des Telefonats nimmt er sogar eine Änderung an ihr vor: Hatte er den Katalysator bisher als eine Entgiftungstechnik neben anderen gesehen, so macht er sie zu einer, die von anderen übertroffen werden müßte. Nur formuliert er immer nur kleine Teile dieser Bedeutungsrepräsentation, und das führt dazu, daß er teilweise geradezu das Gegenteil dessen sagt, was er insgesamt meint. Niemals drückt er seinen ganzen Gedanken sprachlich aus, hat es wohl auch vorher noch nie getan. Dennoch errät der Moderator ihn ganz richtig und übersetzt ihn behende in Sprache. Wären Denken und Sprechen eins, gäbe es keine Gedanken hinter dem Sprechen und unabhängig von dem, was einer sagen kann, so wären solche Gespräche völlig unmöglich. Wir gehen in allem ganz selbstverständlich von der Nichtidentität zwischen Denken und Sprechen aus. Nur wenn wir uns, sprachlich natürlich, fragen, was der sprachlichen Form eines Gedankens vorangeht und in uns selbst dabei keine Sprache vor der Sprache vorfinden, kommen wir überhaupt erst auf die Idee, daß hinter der Sprachform eines Gedankens vielleicht gar nichts stehe, daß der Gedanke ohne diese Sprachform gar nicht existiere.

Aus: Dieter E. Zimmer, So kommt der Mensch zur Sprache. Über Spracherwerb, Sprachentstehung und Sprache & Denken, S. 124–125

Arbeitshinweise:

1. Welche Besonderheiten hat dieses Telefongespräch?
2. Was folgert der Autor aus diesen Besonderheiten?

Suche nach dem angemessenen Ausdruck

Andere, vor allem Schriftsteller und ganz besonders Übersetzer, verstehen andererseits gar nicht, wie jemand Denken und Sprechen je für dasselbe halten kann. Wenn sie dasselbe wären – wie könnte man dann immer wieder lange nach dem richtigeren sprachlichen Ausdruck für einen Gedanken suchen müssen? Offenbar haben sie sich in nichtsprachlicher Form etwas gedacht, und es muß mindestens ebenso umfassend und genau gewesen sein wie seine sprachliche Form – sonst wäre ihr Glück bei einer treffenden sprachlichen Trouvaille (also bei einer großen Übereinstimmung zwischen Gedachtem und dem sprachlichen Ausdruck) so unbegreiflich wie ihre fortgesetzte Frustration, weil die Worte und die Sätze, die ihnen einfallen, eben den Inhalt ihrer Gedanken nicht genau treffen oder nicht völlig ausschöpfen. Beides, Aha-Erlebnis wie Frustration, ist für sie tägliche reale Erfahrung. Ja, eben die Tatsache, daß Denken und Sprechen nicht dasselbe sind und sich auch nicht von allein decken, ist überhaupt ihre raison d'être. Wären Denken und Sprechen identisch, so brauchte es weder Anstrengung noch Begabung, sie einander anzunähern.

Aus: Dieter E. Zimmer, So kommt der Mensch zur Sprache. Über Spracherwerb, Sprachentstehung und Sprache & Denken, © 1986 by Haffmanns Verlag AG, Zürich, S. 119–120

Arbeitshinweis:
Welche Argumente nennt der Autor dafür, dass bei der Suche nach dem angemessenen Ausdruck Denken und Sprache nicht identisch sind?

Neueinführung sprachlicher Ausdrücke

Betrachten wir einen Begriff, dessen Entstehungsgeschichte bekannt ist: den Begriff *Schneckenlinie (Limacon) von Pascal.*
Pascal hat die Kurve folgendermaßen definiert: Von einem Punkte auf einem Kreise aus zieht man Geraden nach allen Punkten des Kreises und trägt von diesen Punkten aus auf diesen Geraden nach beiden Seiten eine feste Strecke ab. Der Ort der so entstehenden Punkte heißt Limacon.
Im Geiste eines jeden Mathematikers, der den Begriff *Limacon* kennt, wird dieser Begriff durch 3 Vorstellungen repräsentiert, die durch Assoziation miteinander zusammenhängen:

1. Eine vorwiegend motorische Vorstellung, wie die Kurve durch Ziehen von Linien, Abtragen von Strecken usw. erzeugt wird;
2. eine visuelle Vorstellung, wie die Kurve aussieht;
3. eine sprachliche Vorstellung, wie die Kurve heißt.

Die erste Vorstellung ist wesentlich: hat man sie vergessen, so hat man den Begriff der Kurve nicht mehr, auch wenn man weiß, wie sie aussieht. Die motorische Vorstellung vom Ziehen der Linien, Abtragen der Strecken usw. kann bei visuell veranlagten auch durch die visuelle Vorstellung der gezogenen Linien und gleichen Strecken ersetzt werden. Mit Sprache hat das alles nichts zu tun: man kann die Kurve für sich allein zeichnen und erforschen, ohne Mitteilungsabsicht. Das Zeichnen der Kurve ist eine Handlung, keine Gebärde.
Die zweite Vorstellung, die visuelle, ist zur Not entbehrlich: aus der Erzeugungsweise der Kurve kann man ihre Gestalt jederzeit ableiten.
Die dritte Vorstellung, der Name der Kurve, ist völlig unwesentlich. Denn Pascal, der die Kurve entdeckt hat, hat sie zuerst motorisch erzeugt, dann hat er gesehen, daß sie einer Schnecke gleicht, und schließlich hat er ihr den Namen Limacon gegeben. Er hat einen *völlig klaren* Begriff von der Kurve gehabt, bevor er den Namen erfand. [...]
Wie verhält es sich aber mit der *logischen Verknüpfung* zwischen zwei Sachverhalten? Ist diese etwa an Sprache gebunden? [...] Unsere Kultursprachen haben ursprünglich kein Wort gehabt, das die logische Folgerung ausdrückt. Als man systematisch zu denken anfing, hat man das Bedürfnis nach solchen Worten empfunden und hat dann allerlei Ausdrücke an den Haaren herbeigeschleppt, die eigentlich Gleichzeitigkeit, räumliches Zusammenfallen, räumliche Herkunft, Zweck oder Ähnlichkeit bedeuten. Man hat also zuerst den Begriff gehabt und dann ein passendes Wort dazu gesucht, wie beim Limacon.
Welche Vorstellung zum Begriff der logischen Folgerung gehört, ist leicht zu sehen: es ist *die Erinnerung an den Denkprozeß, durch den man aus der Prämisse die Folgerung hergeleitet hat.*
Man kann den logischen Zusammenhang auch ohne Worte andeuten. In „Er ist ausgegangen. Ich habe ihn selbst gesehen" ist der logische Zusammenhang mitgedacht. Der Zusammenhang zwischen beiden Satzhälften ist so klar (für einen denkenden Menschen!), daß er nicht ausgesprochen zu werden braucht. Es genügt, zwei Vorstellungen beim Hörer aufzurufen: der Hörer wird sie von selbst in der logisch richtigen Weise miteinander verknüpfen. Die Verknüpfung ist also nicht an Worte gebunden.

Aus: B.L. van der Waerden, Denken ohne Sprache, in: G. Révész (Hrsg.): Thinking and Speaking. A Symposium, Amsterdam 1954

Arbeitshinweise:
1. Welche Vorstellungen von „Limacon" gibt es nach Auffassung des Autors?
2. Wie will er beweisen, dass der Begriff „Limacon" ohne Beteiligung von Sprache eingeführt wurde?
3. Überprüfen Sie: Ist diese Einführung tatsächlich ohne Sprache möglich, d. h. ohne jede Voraussetzung?
4. Wie begründet der Autor seine Auffassung, dass bei logischen Verknüpfungen nicht sprachlich gedacht wird?
5. Im letzten Satz sagt der Autor: „Die Verknüpfung ist also nicht an Worte gebunden." Welche Verwechslung unterläuft dem Autor?

Kurze Dauer von Denkleistungen

Ein Autofahrer nähert sich mit hoher Geschwindigkeit auf der linken Autobahnspur zwei rechts hintereinander fahrenden Wagen. Kurz bevor er die beiden erreicht hat, schert der hintere auf die Überholspur aus. Auch eine Vollbremsung würde den Zusammenstoß nicht mehr verhindern. Der Autofahrer realisiert dies, reißt, da er nach rechts wegen des zweiten Wagens nicht ausweichen kann, das Steuer nach links, nimmt es fest in die Hand und versucht, auf den Grünstreifen neben dem anderen zum Stehen zu kommen. Unter den vorliegenden Umständen ist dies die günstigste Möglichkeit. Um sie jedoch als solche erkennen zu können, muß er mehrere gegeneinander abwägen und sich zwischen ihnen entscheiden – eine Leistung des theoretisch und praktisch schlußfolgernden Denkens, für die ihm alles in allem, sagen wir, gerade noch eine halbe Sekunde bleibt. Wollte er diese Überlegungen sprachlich anstellen, müßte er etwa das folgende zu sich sagen: „Ich bin so und so schnell. Der andere ist so und so schnell. Der Abstand zu ihm ist so und so groß. Folglich würde ich auch mit einer Vollbremsung heftig aufprallen, was bei dieser Geschwindigkeit katastrophal wäre. Ich muß also ausweichen. Die rechte Spur ist durch den zweiten Wagen, der zwar etwas weiter voraus ist, dafür aber langsamer fährt, blockiert. Die Standspur ganz rechts ist frei, aber um sie zu erreichen, müßte ich so scharf einschlagen, daß ich den Wagen nicht unter Kontrolle halten könnte. So bleibt nur der Grünstreifen auf der linken Seite. Ich muß links einschlagen und dies wegen der Schleudergefahr nur um soviel, daß ich gefahrlos am meinem Vordermann vorbeikomme. Der Grünstreifen ist wesentlich weicher als die Betonbahn. Weicher Untergrund bremst. Da ihn die linken Räder zunächst allein berühren, wird der Wagen beim Überwechseln stark nach links an die Leitplanke gezogen, wo er zurückprallen und ins Schleudern geraten würde. Ich muß daher gegenlenken und zu diesem Zweck das Steuer fest im Griff haben". Man kann leicht einsehen, daß zu derartigen Selbstgesprächen – hier ebensowenig wie in zahllosen anderen Gefahrensituationen, die ein unmittelbares, überlegtes Handeln verlangen – keine Zeit ist. Wer sich ausschließlich auf sein sprachliches Denken verläßt, lebt, so scheint es, lebensgefährlich.

Aus: Gottfried Seebaß, Das Problem von Sprache und Denken, , Frankfurt/Main 1981, S. 340–341

Arbeitshinweise:

1. Welche intelligenten Leistungen vollbringt der Autofahrer in einer Gefahrensituation?
2. Warum sind nach Auffassung des Autors diese Leistungen sprachunabhängig?
3. Überprüfen Sie: Sind diese Leistungen Denkakte, die ohne Sprache geschehen?

Sachkohärentes Denken

Ich kann mir vorstellen, daß ein kriegshistorisch interessierter Generalstäbler sich die entscheidende strategische Leistung eines siegreichen Feldherrn völlig sprachfrei zum Bewußtsein bringt, indem er sich eine Umklammerungs- oder Einkesselungsaktion durch das innere Bild von Truppenbewegungen im Gelände oder in Form einer schematischen Skizze vergegenwärtigt. Ähnlich denkt jeder naturwissenschaftliche Morphologe in schematisierten Sachstrukturen. (...)

Das alles sind keine bloßen Annahmen, ebensowenig Spekulationen, die sich auf kein anderes Tatsachenmaterial als einige an der eigenen Forscherpersönlichkeit gewonnene Introspektionsergebnisse stützen können. Vielmehr verfüge ich über eine reichliche Anzahl von Protokollen, die ich mit Naturwissenschaftlern verschiedener Disziplinen und Technikern über die Art ihrer Denkvorgänge und ihres Arbeitens aufgenommen habe. (...)

Als er bald nach seiner großen Entdeckung von dem englischen Physiker James Davidson besucht wurde, wobei dieser an ihn die Frage richtete: „Was dachten Sie dabei?", soll Röntgen geantwortet haben: „Ich dachte überhaupt nicht, ich untersuchte". (...) „Untersuchen" ist ja nichts anderes als denkgesteuertes methodisches Arbeiten an einer gegebenen Problemsituation. Was nach Röntgens reichlich sorgloser Ausdrucksweise ausgeschaltet war, ist natürlich nicht das Denken als solches, sondern lediglich das Denken in Worten und Sprachbegriffen; ein Denken in gegenständlichen Strukturen war durchaus am Werk (...)

Auf Grund derartiger Beobachtungen kommt man notwendig zu einer typologischen Differenzierung der Denkprozesse (...). Zunächst gibt es Veranlagungstypen, die man als die Grundformen des vorwiegend sachkohärenten (gegenständlichen) und des vorwiegend sprachkohärenten (verbalen) Denkverhaltens bezeichnen kann. Vermag sich das letztere kaum jemals von sprachlichen Hilfen und Stützen freizumachen, so ist eben dies dem ersteren nicht nur für Ausgangssituationen, sondern selbst für weite Strecken der ausführenden Denkarbeit möglich, eben weil hier Hilfen anderer Art (anschauliche Vorstellungen, Diagramme, Formeln oder mathematisch-physikalische Zeichensysteme) zur Verfügung stehen. (...) Und weil nun die Beziehung zwischen Sprechen und Denken vornehmlich von Philosophen einer Betrachtung unterzogen worden ist, erklärt sich die große Zahl der Vertreter der Identitätshypothese. Ein philosophisches Denken ohne Sprache gibt es tatsächlich nicht (...). Anders in den meisten Naturwissenschaften. Der theoretische Physiker kann sich sehr wohl von Sprachstützen des Denkens freimachen, wenn er sich bei der Konstruktion des Atommodells dieses nach dem Denkbild eines Planetensystems vorstellt, wo Massen um Massen kreisen, wo sich negativ geladene Elektronen in bestimmten Bahnen um einen positiv geladenen Kern bewegen. Er ist also durchaus imstande, sich die entscheidenden Züge des ihn beschäftigenden Problems auf außersprachliche Weise klar zu machen und ihre Bearbeitung mit Mitteln in die Wege zu leiten und durchzuführen, zu denen die Sprache nicht oder nur in vergleichsweise geringem Grade gehört.

Aus: Friedrich Kainz, Vorformen des Denkens, in: G. Révész (Hrsg.), Thinking and Speaking. A Symposium, Amsterdam 1954 (North-Holland Publishing Company), S. 81–84

Arbeitshinweise:
1. Was versteht der Autor unter „sachkohärentem" und „sprachkohärentem Denken"?
2. Inwiefern vollzieht sich für ihn das sachkohärente Denken sprachunabhängig?

Wie wirklich ist die Wirklichkeit?

Vor einigen Jahren stellte mir jemand die Frage, ob es eigentlich dunkel im Kosmos würde, wenn alle Augen verschwänden. Fragen dieser Art stehen am Anfang aller erkenntnistheoretischen Überlegungen. „Hell" und „dunkel" sind, wie jeder feststellen kann, der sich die Mühe macht, darüber nachzudenken, nicht Eigenschaften der Welt, sondern „Seherlebnisse": Wahrnehmungen, die entstehen, wenn elektromagnetische Wellen bestimmter Länge zwischen 400 und 700 millionstel Millimetern auf die Netzhaut von Augen fallen. Wir haben allen Grund zu der Annahme, daß das auch für tierische Augen gilt, und wir wissen sogar, daß die Länge der den Eindruck „hell" hervorrufenden Wellen bei manchen Tieren von den Frequenzen abweicht, die für menschliche Augen gelten.

Selbstverständlich genügt es zur Entstehung des Seheindrucks nicht, daß Wellen den Augenhintergrund erreichen, die jene Länge haben, auf die Netzhautzellen ansprechen. Eine weitere Voraussetzung besteht darin, daß sie von dort aus weitergeleitet werden an das Gehirn, und zwar an einen ganz bestimmten, im Bereich des Hinterkopfs gelegenen Bezirk der Großhirnrinde, die sogenannte „Sehrinde". Nach allem, was wir wissen, sind die sich in der hier gelegenen, nur wenige Millimeter dicken Nervenzellschicht abspielenden elektrischen und chemischen Prozesse die „Endstation" der körperlichen Vorgänge, die unseren optischen Erlebnissen zugrunde liegen.

Was dort geschieht, wenn die Augenlinse ein Abbild der Außenwelt auf die Netzhaut wirft, das diese in eine Unzahl komplizierter Nervenimpulse zerlegt und an den Sehnerv weiterreicht, wird zwar seit einigen Jahrzehnten mit ausgeklügelten Methoden untersucht. Die Ergebnisse sind aufregend genug. Die entscheidenden Vorgänge liegen aber nach wie vor im dunkeln. Dunkel im wörtlichen Sinne bleibt es übrigens auch in der Sehrinde, wenn wir etwas sehen. Dort entsteht auch nicht etwa ein Bild. (Wer sollte es dort schon betrachten?) Die Art und Weise, in der die Sehrinde die ihr vom Sehnerv übermittelten elektrischen Impulse verarbeitet, hat mit einem Abbild nicht mehr die geringste Ähnlichkeit. Die Verbindung gar, die zwischen diesen chemischen und elektrischen Vorgängen und dem optischen Erlebnis bestehen muß, denn das eine hängt nachweislich vom anderen ab –, bleibt absolut geheimnisvoll.

Auf dem ganzen Wege also, der zwischen Netzhaut und Sehrinde liegt, wird es nicht hell, auch nicht in der „Endstation". „Hell" ist erst das optische Erlebnis hinter jener rätselhaft bleibenden Grenze, die körperliche Vorgänge und psychische Erlebnisse für unser Begriffsvermögen voneinander trennt. Hell ist es daher auch nicht in der Außenwelt, nicht im Kosmos, und zwar ganz unabhängig davon, ob es Augen gibt oder nicht. [...]

Man sieht, die scheinbar so simple Frage, ob es in der Welt ohne Augen dunkel wäre, hat es in sich. Wie beiläufig sind wir bei ihrer Erörterung auf alle wesentlichen Voraussetzungen der Problematik der sogenannten Erkenntnistheorie gestoßen. Wir haben, erstens, angenommen, daß es außerhalb des Erlebens eine reale Außenwelt tatsächlich gibt. Wir stellten, zweitens, fest, daß das, was wir erleben, nicht ohne weiteres als reale Eigenschaft dieser Außenwelt anzusehen ist. Und schließlich hat sich auch bereits gezeigt, daß es allem Anschein nach reale Eigenschaften dieser von uns vorausgesetzten Außenwelt gibt, die wir, wie zum Beispiel die außerhalb des engen Empfindlichkeitsbereichs unserer Netzhaut liegenden Frequenzen elektromagnetischer Wellen, gar nicht wahrnehmen können.

Naturwissenschaftlicher und technischer Fortschritt haben uns inzwischen, seit etwa 100 Jahren, die Möglichkeit in die Hand gegeben, andere Teile dieses Frequenzbandes wenigstens indirekt, durch technische Rezeptoren festzustellen (und uns ihrer sogar, man denke etwa an Röntgenstrahlen oder Radiowellen, für praktische Zwecke zu bedienen). Mit den von der Technik angebotenen „künstlichen Sinnesorganen" läßt sich so der Beweis führen, daß die Eigenschaften der Außenwelt unsere Wahrnehmungsmöglichkeiten übersteigen. Diese Tatsache weist zugleich auf die Wahrscheinlichkeit hin, daß es darüber hinaus eine unvorstellbare Zahl weiterer objektiver Eigenschaften der Welt geben dürfte, von denen wir selbst auf einem solchen indirekten Wege niemals etwas erfahren werden. Da es sehr seltsam wäre, wenn die Außenwelt dort keine Eigenschaften mehr besäße, wo unsere technischen und wissenschaftlichen Registriermethoden ihre Grenzen finden, ist das so gut wie sicher.

Und als ob das alles noch nicht genug wäre: Selbst der – aller Wahrscheinlichkeit nach also nur winzige – Ausschnitt der Außenwelt, den wir überhaupt erfassen können, wird uns von unseren Sinnesorganen und unserem Gehirn nun keineswegs etwa so vermittelt, „wie er ist". In keinem Falle ist das, was in unserem Erleben schließlich auftaucht, etwa ein getreues „Abbild". Auch das wenige, was wir überhaupt wahrnehmen, gelangt vielmehr nicht ohne komplizierte und im einzelnen völlig undurchschaubar bleibende Verarbeitung in unser Bewußtsein. Unsere Sinnesorgane bilden die Welt nicht etwa für uns ab. Sie legen sie für uns aus. Der Unterschied ist fundamental. Wenige Hinweise genügen, um sich davon zu überzeugen. Ein Fall wurde schon genannt: die Tatsache, daß Auge und Gehirn elektromagnetische Wellen in das Erlebnis „Licht" verwandeln und in verschiedene Farbeindrücke, je nach der Länge der am Augenhintergrund eintreffenden Wellen. Die Natur einer elektromagnetischen Welle hat nun aber mit dem, was wir „Licht“ oder „hell“ nennen, nicht das geringste zu tun. [...]

Das gleiche gilt für die verschiedenen Farben. Eine Wellenlänge von 700millionstel Millimetern hat mit dem Farberlebnis „Rot“ genausowenig zu tun wie die Wellenlänge 400millionstel Millimeter mit dem Farberlebnis „Blau“. Keinerlei Ähnlichkeit besteht hier auch zwischen dem Unterschied von nur 300millionstel Millimetern, wie er auf der einen, der körperlichen Seite zwischen beiden Längenbereichen liegt (und der sich im Gesamtspektrum verschwindend winzig ausnimmt), und dem sich auf der anderen, psychischen Seite aus diesem Unterschied ergebenden Kontrast zwischen den Farben Rot und Blau. [...]

Man sieht, der „naive Realist“ ist in der Tat naiv. Das von ihm für so grundsolide gehaltene Konzept einer durch sinnliche Wahrnehmung überprüfbaren (objektivierbaren) Realität erweist sich im Handumdrehen als reine Illusion. So einfach liegen die Dinge nicht. [...]

Plato hat die Situation, in der wir uns der Außenwelt gegenüber befinden, schon im 4. Jahrhundert v. Chr. durchschaut und in einem berühmten Gleichnis beschrieben. Die Situation der Menschen, so stellte er fest, gleiche der von Gefangenen, die in einer Höhle mit dem Rücken zum Eingang angekettet seien. Von allem, was sich vor der Höhle abspiele, bekämen sie nur die Schatten zu Gesicht, die von dem Höhleneingang auf die ihnen gegenüberliegende Wand geworfen würden. Diese Schatten aber, so fährt Plato fort, hielten die Menschen für die Wirklichkeit selbst. So seien sie eigentlich doppelt Betrogene. Deshalb bestehe die vornehmste Aufgabe der Philosophen darin, die Menschen über ihre wahre Situation aufzuklären. Sie müßten wenigstens wissen, daß sie die wahre Welt erst vor sich haben würden, wenn sie in der Lage wären, sich umzudrehen und aus dem Höhlengang hinauszublicken oder wenn es ihnen gar möglich wäre, die Höhle zu verlassen und die Dinge selbst zu betrachten, anstatt nur deren vage vorüberhuschende Schatten an der Wand.

Großartiger und treffender ist das bis auf den heutigen Tag von niemandem gesagt worden. Das gilt auch für den mahnenden Hinweis, daß ein Mensch so lange im Zustand, wie wir heute sagen würden, geistiger Unmündigkeit verharre, wie er für bare Münze hält, was seine Wahrnehmungsorgane ihm über die Außenwelt sagen. Solange er die Schatten der Welt für die Welt selbst hält. Seit Plato gibt es daher jene spezielle philosophische Disziplin, die Erkenntnislehre (oder Erkenntnistheorie), die sich einzig und allein damit beschäftigt, herauszufinden, wie es sich mit unserer Erkenntnis, mit unserer Erfahrung über die Welt, unter diesen Umständen nun eigentlich im einzelnen verhält.

Aus: Hoimar von Dithfurth, Wir sind nicht nur von dieser Welt. Naturwissenschaft, Religion und die Zukunft des Menschen. © 1981 by Hoffmann und Campe Verlag, Hamburg. Zit. nach der DTV-Ausgabe, München 1989, S. 263 ff.

Arbeitshinweise:

1. Skizzieren Sie die erkenntnistheoretische Position eines naiven Realisten. (Z 131 ff.)
2. Erläutern Sie, warum diese naiv-realistische Position unhaltbar ist.
3. Geben Sie den Inhalt des Höhlengleichnisses von Platon in eigenen Worten wieder. Inwieweit trifft dieses Gleichnis auf unsere Wahrnehmung der äußeren Welt zu?
4. Diskutieren Sie auf dieser Grundlage den Satz „Die Welt ist das Produkt unserer sprachlichen Interpretation“ (Nehmen Sie dazu die anhand von A 2 gewonnen Ergebnisse zu Hilfe!)

Was können wir über die objektive Realität wissen?

Der auf dem Trümmerhaufen seiner naiven Weltanschauung stehende Realist ist also, genaugenommen, zum „hypothetischen Realisten" geworden, zu jemandem, der entdeckt hat, daß sein Erleben die Welt keineswegs „richtig" abbildet, der sogar eingesehen hat, daß sein Erleben nicht einmal die Existenz einer Welt außerhalb seines Bewußtseins zu beweisen imstande ist. [...] Daß er die Welt nicht so erkennen kann, „wie sie ist", das hat er eingesehen. In welcher Beziehung steht dann aber das, was ihm seine Sinneswerkzeuge melden und was sein Verstand ihm über diese Sinnesmeldungen sagt, zu der „wahren Natur" der ihn umgebenden Welt?

[...] Kant beantwortete die Frage, ob wir eine Chance haben, über die wahre Natur der Dinge und der uns umgebenden Welt irgend etwas zu erfahren, rundheraus mit Nein. Sein Argument bestand in dem Hinweis auf die von ihm entdeckte Tatsache, daß sich, wann immer wir etwas wahrnehmen oder erkennen, unsere Erkenntnis nicht nach den Gegenständen, sondern sich umgekehrt die Gegenstände ganz offensichtlich nach unserer Erkenntnis richten. Anders ausgedrückt: Kant entdeckte, daß unsere Erkenntnis (unser Denken ebenso wie unsere Vorstellung oder „Anschauung") angeborene Strukturen aufweist und daß das, was wir im Vorgang der Erkenntnis erfahren, nichts weiter ist als der Abdruck unserer eigenen Denkstrukturen.

Mit einem Gedankenexperiment kann sich jeder leicht veranschaulichen, was gemeint ist. Man muß nur einmal anfangen, sich zu überlegen, was man sich in der Welt alles „wegdenken" kann. So fällt es zum Beispiel nicht schwer, sich vorzustellen, daß es keine Sterne gibt. Auch Sonne, Mond oder Planeten ließen sich „wegdenken", ebenso die ganze Erde (man schwebt dann in seiner Vorstellung eben im leeren Raum). Aber auch auf den eigenen Körper läßt sich bei einem solchen Gedankenexperiment noch „verzichten". Dann schwebt das eigene Bewußtsein eben körperlos im Raum. Damit sind wird jedoch schon an der Grenze dessen angelangt, was bei dieser gedanklichen Spielerei möglich ist. Selbst ihr sind Grenzen gesteckt. Sie erweisen sich als höchst bedeutsam. Wegdenken läßt sich nicht mehr das eigene „Ich". (Dann hörte alles Vorstellen auf.) Wegdenken läßt sich aber auch nicht der Raum. Unmöglich ist es ferner, sich die Existenz des körperlos in einem leeren Raum schwebenden Ich ohne den weiteren Ablauf der Zeit vorzustellen. Zeitlosigkeit ist auf keine Weise vorstellbar. (Auch körperlose Gedanken folgen ja „aufeinander".) Raum und Zeit sind allem Anschein nach also, das ist das Resultat, ebenso wie das eigene Ich, Voraussetzungen dafür, sich überhaupt etwas vorstellen zu können.

Raum und Zeit sind demnach gar nicht etwa Erfahrungen, die wir über die Welt machen. Das hatte alle Philosophie vor Kant angenommen. Sie sind vielmehr Strukturen unseres Denkens, unserer Anschaung. Sie sind von vornherein (*a priori*) in unserem Denken enthalten. Vor jeder Erfahrung, die wir machen. Sie sind uns angeboren. Noch bevor wir zum erstenmal die Augen aufschlagen und uns umschauen, um zu erfahren, wie die Welt beschaffen ist, steht fest, daß wir sie räumlich erleben werden und als zeitlich strukturiert.

Wir haben, weil uns „Raum" und „Zeit" als Erkenntnisformen angeboren sind, gar nicht die Möglichkeit, irgend etwas zu erfahren oder zu erleben, was nicht räumlich und zeitlich wäre. Raum und Zeit sind daher, wie Kant es ausdrückte, nicht das Ergebnis, sondern die *Voraussetzung* aller Erfahrung. Es sind Urteile, die wir *a priori* über die Welt fällen, angeborene Vorurteile, von denen wir uns nicht freimachen können. Weil das aber so ist, haben wir kein Recht zu der Annahme, daß Raum und Zeit der Welt selbst angehören, so wie sie „an sich" ist, objektiv, ohne die Spiegelung in unserem Bewußtsein, als die wir sie allein erleben können. [...]

Kant gelang es, noch weitere apriorische Erkenntnisformen aufzuspüren. Eine der wichtigsten ist die Kausalität. Auch unsere Überzeugung, daß jeder Vorgang eine Ursache haben muß und daß Ereignisfolgen Ketten von Ursachen sind, die bestimmte Wirkungen auslösen, die ihrerseits wieder als Ursachen wirksam werden, haben wir nicht etwa erst durch Erfahrung gewonnen. Auch in diesem Fall wäre es eine Selbsttäuschung, wenn wir glaubten, daß wir das Prinzip der Kausalität etwa *a posteriori*, also im nachhinein, sozusagen erst durch geduldige Beobachtung der Weit entdeckt hätten. Auch die Kausalität ist nach Kant vielmehr eine Erkenntnisform *a priori*. [...]

Die Signale, die meine Sinnesorgane aufnehmen und aus denen mein Gehirn dann ein „Bild der Welt" zusammenstellt, stammen zwar auch nach Ansicht von Kant aus einer realen Außenwelt. Auf ihrem Weg bis zu meinem Bewußtsein werden sie jedoch so stark verändert, daß das Ergebnis über die Quelle, aus der sie stammen, nichts mehr aussagt. Die Ordnung, die das von uns erlebte Weltbild aufweist, ist nicht das Abbild der Ordnung in der Welt selbst. Es ist, so Kant, nur das Abbild der geordneten Strukturen meines eigenen Denkapparats. [...]

Wenn es so ist, wie der Königsberger Philosoph behauptet, daß das subjektive Bild der Welt zu deren objektiver Beschaffenheit in keiner erkennbaren Beziehung steht, wie ist dann eigentlich zu erklären, daß es sich mit diesem so beziehungslosen Bild der realen Welt ganz offensichtlich recht befriedigend leben läßt?

Kant hat das Problem sehr klar gesehen (und für unbeantwortbar gehalten). [...] Wie ist die erstaunliche, im Licht der Kantschen Auffassungen absolut rätselhafte Tatsache zu erklären, daß die uns angeborenen Denkstrukturen allem Anschein nach auf die Strukturen der realen Welt „passen"? Wie können sie etwas „Wahres" über die Welt enthalten, wenn sie gar nicht in der Auseinandersetzung des Individuums mit der Welt entstanden sind? Wenn sie uns allen vielmehr bereits bei der Geburt in die Wiege gelegt werden, als fielen sie fix und fertig vom Himmel?

Die Naturwissenschaft war es dann, die schließlich völlig unerwartet auch noch auf einen Befund stieß, der diese „Passung" zwischen Anschauungsformen und Wirklichkeit wieder relativierte. Mehr als 100 Jahre nach Kant entdeckte Albert Einstein, daß die Ordnung der realen Welt doch nicht so vollkommen übereinstimmt mit der Ordnung unserer Denkstrukturen, wie man bis dahin geglaubt hatte. Das ist das Wesen, darin liegt die zentrale Bedeutung der von Einstein entwickelten Relativitätstheorie. [...]

Eine der von Einstein in der Welt entdeckten Tatsachen, die zu der Form unserer Anschauung nicht passen, ist das Phänomen der „Konstanz der Lichtgeschwindigkeit". Der Ausdruck besagt, daß die Geschwindigkeit des Lichts bekanntlich 300 000 km/sec im Vakuum immer die gleiche ist, unabhängig von den Bedingungen, unter denen gemessen wird, also auch unabhängig vom Bewegungszustand der Lichtquelle oder des Beobachters, der die Geschwindigkeit mißt.

Das ist nun eine in der Tat absolut unglaubhafte, eine mit unserem Vorstellungsvermögen auf keine Weise vereinbare Behauptung. Nehmen wir an, daß einem Raumschiff ein mit 30 oder 40 km/sec durch den Weltraum rasender heller Meteor begegnete. (Das ist zwar im leeren Weltraum nicht der Fall, aber nehmen wir für unser Gedankenexperiment einmal an, er leuchtete.) Dann scheint doch selbstverständlich zu sein und keiner weiteren Erklärung bedürftig, daß sich die Eigenbewegung des Meteors der Geschwindigkeit des von ihm ausgehenden Lichts hinzuaddieren muß.

Wenn der Meteor dem Raumschiff auf Gegenkurs genau entgegenrast, dann würde, das jedenfalls ist die Erwartung jedes Menschen, der addieren und subtrahieren kann, ein an Bord mitfliegender Physiker bei einer Messung der Geschwindigkeit des vom Meteor ausgestrahlten Lichts nicht 300 000 km/sec herausbekommen, sondern eben die 30 oder 40 km/sec mehr, mit denen sich der Himmelskörper auf ihn zubewegt.

Das stimmt aber nicht, so fand Einstein heraus. Das Ergebnis beträgt auch in diesem Falle genau 300 000 km/sec. In jedem Falle. Auch dann, wenn der Meteor sich mit der gleichen Geschwindigkeit wieder vom Raumschiff entfernt. Auch dann, wenn er die doppelte, die zehnfache Geschwindigkeit hätte oder gar selbst Lichtgeschwindigkeit erreichte (was ebenfalls wieder nur im Gedankenexperiment möglich ist!).

Das Meßergebnis ist in jedem denkbaren Fall immer das gleiche: Das ist es, was mit „Konstanz" der Lichtgeschwindigkeit gemeint ist. Wer dem entgegenhält, daß er sich das nicht vorstellen könne, befindet sich in bester Gesellschaft. Auch Einstein hat es sich nicht vorstellen können. Kein Mensch kann das oder wird es jemals lernen. Es handelt sich um eine Eigenschaft der realen Welt, die der angeborenen Form unseres Vorstellungsvermögens nicht entspricht. Die Annahme einer beliebigen, den Gesetzen der Arithmetik gehorchenden Addierbarkeit von Geschwindigkeiten wurde von Einstein als eine Annahme *a priori* entlarvt, als ein uns angeborenes Vorurteil, das nun in der Wirklichkeit jedoch keine Entsprechung findet! [...]

Von Kants Argumenten hatten wir uns überzeugen lassen müssen, daß alle wesentlichen Eigenschaften, die wir an der Welt zu entdecken glauben, in Wahrheit schon *a priori* in unserem Verstande stecken. Über die reale Welt, so mußten wir uns belehren lassen, erfahren wir in Wirklichkeit nichts. Die Unwiderlegbarkeit der Kantschen Beweisführung ließ es uns jedoch nur um so geheimnisvoller erscheinen, daß wir uns ungeachtet der offenbaren Beziehungslosigkeit der uns angeborenen Vorstellungen zur realen Welt in dieser Welt dennoch mit leidlichem Erfolg zurechtzufinden vermögen. [...]

Wenn das Individuum diese Anschauungsformen nicht in der Auseinandersetzung mit der Welt erwirbt, wieso passen sie dann auf die Welt? Das alles war schon rätselhaft genug, und jetzt noch dies. Der Nachweis, daß die „Passung" so vollkommen nun auch wieder nicht ist. Wenn es schon schwer ist, daran zu glauben, daß richtige Vorstellungen über die Welt angeboren sein können, was soll man dann von Anschauungen halten, die aus der gleichen Quelle stammen und die, wie es scheint, die Wirklichkeit der Welt um Haaresbreite verfehlen? Die Verwirrung ist, wie es scheint, nicht mehr zu überbieten.

Aus: Hoimar von Dithfurth, Wir sind nicht nur von dieser Welt, Naturwissenschaft, Religion und die Zukunft des Menschen. Zit. nach der DTV-Ausgabe, München 1989, S. 263 ff.

Arbeitshinweise:

1. Sind unsere sinnlichen Wahrnehmungen der Außenwelt angemessen und wahr? Welche Antwort fand Kant?
2. Erläutern Sie, inwieweit Einsteins Entdeckungen Kants Auffassung unterstützen oder problematisieren.
3. Fassen Sie zusammen, was bisher über die Angemessenheit unserer Wirklichkeitserfahrung festgestellt wurde.

Wieso passen unsere angeborenen Denkkategorien auf diese Welt?

Vor etwa 30 Jahren entdeckte der deutsche Verhaltensphysiologe Erich v. Holst, daß ein Hahn in seinem Kopf das Bild des Todfeindes seiner Art angeborenermaßen mit sich herumträgt. [...] Erich v. Holst pflanzte seinen Hähnen damals, in Narkose selbstverständlich, haarfeine Drähte ins Gehirn. Diese waren mit einem hauchdünnen Lack isoliert, bis auf das äußerste Ende, das blank blieb. Die Drähte heilten komplikationslos ein. Die Tiere merkten nichts davon. (Das Gehirn ist ein schmerzunempfindliches Organ.) Sinn der Prozedur war die Möglichkeit, die Gehirne der Tiere an den Stellen elektrisch reizen zu können, an denen die blanken Drahtenden jeweils eingeheilt waren. Benutzt wurden dazu elektrische Impulse, deren Intensität und Verlaufskurven denen natürlicher Nervenimpulse in allen Einzelheiten entsprachen. [...]

Von den zahlreichen Resultaten soll hier als Beispiel ein einziges, sehr typisches, beschrieben werden. Erich v. Holst hat es als „Verhaltensprogramm zur Abwehr eines sich nähernden Bodenfeindes" bezeichnet und in einem heute noch existierenden Filmdokument festgehalten. Die Reaktion beginnt jeweils einige Sekunden nach dem Einsetzen des elektrischen Reizes mit einem typischen „Sichern" des Versuchstiers. Der Hahn erstarrt plötzlich mitten in der Bewegung, richtet sich auf und mustert mit den für seine Art typischen pendelnden Kopfbewegungen die Umwelt in sichtlicher Spannung. Wenige Augenblicke später scheint er etwas entdeckt zu haben. Er fixiert einen bestimmten Punkt der (nach wie vor leeren) Tischplatte. Das unsichtbare „Etwas" scheint sich ihm zu nähern. Der Hahn beginnt in zunehmender Aufregung auf dem Tisch hin und her zu marschieren. Er macht flatternde Ausweichbewegungen vor „etwas", das ihm immer näher zu kommen scheint, und hackt in die von ihm wie gebannt fixierte Richtung kräftig mit dem Schnabel zu. Kein Zweifel, das Tier fühlt sich bedroht. Es verhält sich so, als nähere sich ihm auf der Tischplatte eine Gefahr, gegen die es sich zur Wehr zu setzen habe.

Wie die Szene endet, hängt von den Umständen ab. Der Versuchsleiter kann den reizauslösenden Knopf jederzeit loslassen. Geschieht das, richtet sich der Hahn sofort auf und blickt suchend um sich. Man kann sich bei der Betrachtung des Films des Eindrucks nicht erwehren, daß er verblüfft darüber ist, daß die Gefahr so plötzlich verschwand. Wenn der Hahn sich davon endgültig überzeugt hat, plustert er sich erleichtert auf und stößt ein triumphierendes „Kikeriki" aus – daran zu zweifeln, daß zwischen seiner kämpferischen Reaktion und dem Verschwinden der Bedrohung ein ursächlicher Zusammenhang besteht, kommt ihm nicht in den Sinn.[...]

Das Experiment demonstriert mit aller wünschenswerten Deutlichkeit, daß es sich bei diesem Verhaltensrepertoire um ein Programm handelt, das angeboren, sozusagen präfabriziert, fix und fertig im Gehirn des Hahns steckt. Es steckt, genaugenommen, schon im befruchteten Ei, aus dem der Hahn erst noch schlüpfen soll. Noch genauer: Es ist ein Bestandteil des Erbmoleküls im Kern der Eizelle, die den ganzen Bauplan für den zukünftigen Hahn enthält. [...]

Neu an den Versuchen von Holst war lediglich die Methode der Auslösung dieses und zahlreicher anderer Verhaltensprogramme. Sie selbst waren den Verhaltensphysiologen altvertraut. Das eben macht ja die Bedeutung dieser Versuchsreihe aus, daß sie den Nachweis dafür buchstäblich „auf den Tisch" legte, daß arttypische Verhaltensweisen wie Balz, Körperpflege, die Suche nach geeignetem Futter oder eben auch die Abwehr eines Feindes als starre Programme angeboren und an verschiedenen, jeweils spezifischen Stellen des Gehirns gespeichert sind. Es handelt sich um „angeborene Erfahrungen".

Der biologische Nutzen dieses Sachverhalts ist offensichtlich. Normalerweise wird das Verhaltensprogramm „Abwehr eines sich nähernden Bodenfeindes" durch den Anblick eben eines solchen Feindes, also eines Wiesels oder Marders oder einer Katze ausgelöst [...] Der Umstand, daß es angeboren ist, gewährleistet, daß der Hahn schon dann, wenn er zum erstenmal in seinem Leben einem Wiesel begegnet, „richtig" reagiert.

Ein Hahn, der in dieser Situation darauf angewiesen wäre, empirisch, nach der Methode „Versuch und Irrtum", herauszufinden, was es mit einem Wiesel auf sich hat, hätte aus naheliegenden Gründen kaum Chancen, zu den Eltern der nachfolgenden Hühnergeneration zu gehören. Seine Gene würden folglich aus der weiteren Evolution seiner Art ausscheiden. Hähne, die das Problem, wie man sich einem Wiesel gegenüber verhält, nicht „auf Anhieb" zu lösen vermögen, gibt es daher nicht.

Daß der Besitz angeborener Erfahrungen äußerst zweckmäßig ist, bedarf also keiner weiteren Begründung. Aber da taucht doch eine ganz andere Frage auf: Wo kommen die angeborenen Erfahrungen des Hahns eigentlich her? Wenn das Tier sie selbst nicht gemacht hat, wie sind sie dann in seinen Besitz gekommen? Seine Problemlösung hinsichtlich des Umgangs mit einem „Bodenfeind" kann ja nicht einfach vom Himmel gefallen sein.

Diese Frage ist nun der analog, die wir uns angesichts der Kantschen Erkenntnisformen *a priori* vorgelegt hatten. Man kann mit Fug und Recht behaupten, daß auch der Hahn ganz offensichtlich über angeborene Formen der Erkenntnis über seine Welt verfügt. Sie sind auch bei ihm *a priori* gegeben, denn sein Wissen über das Aussehen des Feindes und über die zweckmäßigste Reaktion ihm gegenüber ist nicht das Ergebnis vorangegangener Erfahrungen. Er bringt sie, wie gesagt, von Geburt an mit. Sein Wissen also existiert schon vor aller Erfahrung, buchstäblich ab ovo. Und trotzdem „paßt“ dieses Wissen auf die reale Hühnerwelt. Wie ist das zu erklären?

Im Falle des Hahns erscheint uns die Antwort leicht. Nachträglich gilt das für viele grundlegende Entdeckungen, die erstmals zu machen eine geniale Leistung darstellt. Konrad Lorenz hat die Antwort gefunden. Sie lautet: Zwar hat der Hahn die Erfahrung tatsächlich nicht selbst gemacht. Trotzdem ist das Programm „Bodenfeind-Abwehr“ ebenso wie alle anderen dem Tier angeborenen Instinkte eine Erkenntnis, die *a posteriori* in die Hühnerwelt gelangt ist. Sie alle sind das Resultat von Erfahrungen im konkreten Umgang mit dem Feind und allen anderen, stetig wiederkehrenden Faktoren, die spezifische Bestandteile der Umwelt von Hühnern darstellen. Allerdings von Erfahrungen, die nicht die einzelnen Individuen, nicht der einzelne Hahn noch eine konkrete Henne gemacht haben, sondern die Art als Ganzes. [...] Das Wissen des Hahns ist in Wirklichkeit auch das Resultat eines Lernprozesses. Um das erkennen zu können, ist allerdings die Einsicht erforderlich, daß dieser Lernprozeß nicht vom einzelnen Tier, sondern von seiner Art im Ablauf ihrer Evolution in der Gestalt einer genetischen Anpassung an die Existenz des arttypischen Feindes geleistet worden ist.

Muß es einem angesichts dieses überzeugenden Erklärungsmodells nun nicht wie Schuppen von den Augen fallen, wenn man an die von Kant an unserem eigenen Erkenntnisvermögen entdeckten angeborenen Strukturen denkt? Liegt hinsichtlich des Problems, warum diese unsere apriorischen Erkenntnisformen auf die reale Welt passen, obwohl sie uns mit der Geburt, vor aller Erfahrung, fix und fertig in den Schoß gefallen sind, nicht eine analoge Erklärung nahe? [...]

Kant hat von der Evolution und ihren Gesetzen noch nichts gewußt. [...] Sobald man die Tatsache der Evolution und unsere heutige Kenntnis von ihren Gesetzen in die Betrachtung einbezieht, lichtet sich das Dunkel über diesen Teil des Erkenntnisproblems. Gewiß, das Denken in kausalen Zusammenhängen ist uns angeboren. Es ist uns *a priori* mitgegeben worden. Wir können die Welt daher gar nicht anders erleben als kausal geordnet. Dieser Umstand hindert uns nun jedoch keineswegs daran, etwas über die Welt zu erfahren, wie Kant pessimistisch folgern zu müssen glaubte.

Im Gegenteil! Der unserem Denken von Geburt an eingeprägte Zwang, alles kausal geordnet zu sehen, stellt ein angeborenes Wissen über die Welt selbst dar. Erworben wurde dieses Wissen im Ablauf der Evolution unserer Art durch allmähliche genetische Anpassung an selektierende Umweltbedingungen. Jede Anpassung aber bildet einen Teil der realen Welt ab. Und das gilt nicht nur für Pferdehufe, Vogelflügel und Fischflossen. Es gilt eben so auch für Verhaltensweisen und für Erkenntnisstrukturen. Und deshalb ist die in unserem Erkenntnisvermögen steckende Kausalkategorie in Wahrheit nichts anderes als ein Abbild der in der realen Welt tatsächlich herrschenden Ordnung. Sobald wir das Faktum der Evolution zur Kenntnis nehmen und uns selbst, unsere Art, in den Evolutionsprozeß einbeziehen, lösen sich alle Rätsel auf. Das Problem, vor dem selbst ein Kant hatte kapitulieren müssen, existiert nicht mehr.

Damit ist, in denkbar knappster Form, das revolutionäre Konzept der evolutionären Erkenntnistheorie skizziert. Dieses eine Beispiel zeigt auch schon auf eindrucksvolle Weise, welche Erklärungskraft der Hypothese innewohnt, daß unser Geist nicht vom Himmel gefallen, sondern das (vorläufige) Ergebnis der gleichen Entwicklungsgeschichte ist, die auch alles andere hat entstehen lassen, was den Kosmos heute erfüllt.

Aus: Hoimar von Dithfurth, Wir sind nicht nur von dieser Welt. Naturwissenschaft, Religion und die Zukunft des Menschen. Zit. nach der DTV-Ausgabe, München 1989, S. 297 ff.

Arbeitshinweise:

1. Geben Sie die Beschreibung des Experiments mit eigenen Worten wieder. – Was wird durch v. Holsts Experiment bewiesen?
2. Erklären Sie, wie der Hahn sein Wissen erworben hat?
3. Wie lässt sich davon ausgehend Kants ungelöstes Erkenntnisproblem lösen, dass unsere angeborenen Anschauungsstrukturen so gut auf die Welt passen?

Wie zuverlässig sind unsere Informationen über die Welt?

Wie selbstverständlich hatten wir bisher davon gesprochen, daß der Hahn den arttypischen Bodenfeind a priori „erkenne". Das ist grundsätzlich auch richtig. Aber dürfen wir daran nun auch schon, wie wir es bis jetzt stillschweigend getan haben, ohne weiteres die Folgerung anschließen, daß das angeborene Wissen des Hahns in diesem Punkt also eine „zutreffende" Information über seine reale Umwelt enthalte? Das wäre ganz sicher voreilig. Bevor wir das beurteilen können, müssen wir wissen, was der Hahn eigentlich sieht, wenn er den Feind „erkennt". In welcher Gestalt präsentiert sich ihm das Phantom eigentlich, das er im Hirnreizversuch auf der leeren Tischplatte so gebannt fixiert? [...] Die Frage läßt sich erstaunlicherweise recht präzise beantworten. Das Mittel dazu ist der schon erwähnte „Attrappenversuch". [...] Ausgangspunkt war die Überlegung, daß es in der Tat absurd wäre, anzunehmen, daß etwa im Falle angeborener Feinderkennung alle individuellen Varianten möglicherweise auftauchender Artfeinde als auslösende Schablonen genetisch gespeichert sein könnten.

Sehr viel wahrscheinlicher war die Annahme, daß es bestimmte „Schlüsselreize" geben müsse, bestehend aus Merkmalen, die möglichst der ganzen Gruppe in Frage kommender Feinde ungeachtet aller sonst zwischen ihnen bestehenden Unterschiede gemeinsam sind. Was haben Marder, Wiesel, Füchse, Katzen und andere Feinde, die Hühnern am Boden gefährlich werden (Raubvögel sind ein anderer Fall), nun aber gemeinsam? Drei Merkmale springen ins Auge: eine „fellige" Oberfläche, ein die potentielle Beute bedrohlich fixierendes Augenpaar sowie der charakteristische „geduckt schleichende" Bewegungsablauf bei der dem Angriff vorausgehenden Annäherung. Die Forscher gingen also dazu über, Attrappen zu bauen, bei denen das „Feindbild" auf die von ihnen vermuteten Merkmale reduziert war. Sie nähten Fell zu länglichen Knäueln zusammen, an deren einem Ende Glasknöpfe als „Augen" befestigt wurden. Und siehe da: Wenn man diese Gebilde einem Hahn oder einer auf einem Nest brütenden Henne an einem langen Draht langsam („schleichend"!) so näherte, daß die Augenknöpfe in der Bewegungsrichtung, also „vorne" lagen, gerieten die Hühner in panischen Schrecken und produzierten bis zur Ermattung das ganze Repertoire der ihnen angeborenen, der Feindabwehr dienenden Verhaltensweisen.

Und nicht nur das. Die entscheidende Entdeckung: Bei dem Vergleich der Wirksamkeit systematisch abgewandelter Attrappen zeigte sich, daß die Tiere Attrappen, die alle für die gesamte Feindkategorie charakteristischen Merkmale in sich vereinten, sämtlichen anderen Attrappen eindeutig „vorzogen", auch wenn diese im übrigen dem tatsächlichen Aussehen eines der potentiellen Feinde, sehr viel näher kamen. Während das beschriebene Fellknäuel zum Beispiel volle Auslöserwirkung hat, bleibt ein ausgestopftes Wiesel, das man gleichzeitig unmittelbar neben dem Nest vorsichtig enthüllt, von der brütenden Henne nach anfänglichem Erschrecken schließlich so gut wie unbeachtet – eine für den menschlichen Beobachter groteske Szene. Dem toten Wiesel fehlt eben ein entscheidendes Merkmal, und zwar der typische Bewegungsablauf. Da nützt ihm dann, sozusagen, sein naturalistisches Aussehen, seine optische Identität mit einem konkreten Feind, überhaupt nichts. [...]

Welche Bedeutung haben diese Befunde nun im Zusammenhang mit unserem erkenntnistheoretischen Gedankengang? Das wird offensichtlich, wenn wir uns jetzt erneut die Frage vorlegen, in welchem Sinne die Informationen über die Außenwelt als „zuverlässig" betrachtet werden können, die durch angeborene Erfahrungen vermittelt werden. [...] Beim Tier, also etwa beim Hahn, dem ein Verhaltensforscher eine vorn mit Glasperlen geschmückte Fellrolle zuschiebt, ist die Frage der Zuverlässigkeit nun offensichtlich eine Frage der Definition. Unter dem Aspekt der Überlebenschancen, biologischer Zweckmäßigkeit also, ist die Information, die der Hahn durch die ihm präsentierte Reizkonstellation über die in seiner Umwelt herrschenden Bedingungen bekommt, als unüberbietbar zuverlässig und gültig anzusehen. [...]

Jakob von Uexküll, der den Begriff von der „Umwelt" der Tiere prägte, hat zahlreiche Fälle dieser Art analysiert: Er beschrieb unter anderem den Extremfall der Umwelt der Zecke. Das Insekt bedarf zur Reifung seiner Eier des Bluts von Säugetieren. Es muß, wenn seine Art überleben soll, also imstande sein, Säugetiere zu „erkennen", sie als einzige in Betracht kommende Nahrungsquellen von allen anderen in seiner Umwelt vorkommenden Objekten zu unterscheiden. Dazu ist dem Tier ein „Programm" angeboren, das es veranlaßt, sich aus dem Geäst herabfallen zu lassen, wenn seine primitiven Sinnesrezeptoren den Geruch von Buttersäure (die Bestandteil jeder Schweißabsonderung ist) zugleich mit einem Anstieg der Umgebungstemperatur registrieren.

Das ist alles. Und es genügt auch. Geruch und Temperaturanstieg definieren ein Säugetier für den in Frage kommenden Zweck mit ausreichender Zuverlässigkeit. Die Existenz von Zecken in der Welt beweist es. Geruch und Temperaturanstieg sind in der „Welt" der Zecke daher das einzige, was von einem Säugetier – ob Maus oder Büffel – „übrigbleibt". Sie sind für eine Zecke mit „dem" Säugetier identisch. Der Hahn könnte sich, wäre er zu einem Vergleich in der Lage, über diese Art der Beziehung zur realen Welt mit Recht erhaben dünken. Er müßte zwar einräumen, daß die Zecke durch die genannten beiden Merkmale über ihre Welt nicht nur zweckmäßig (ihre Art behauptet sich erfolgreich), sondern sogar zutreffend informiert wird: Schweiß und Temperaturanstieg sind Eigenschaft der realen Welt, sobald ein Säugetier in ihr vorkommt. Er würde dem aber wahrscheinlich entgegenhalten, daß die Welt der Zecke im Vergleich zu seiner eigenen auf eine unvorstellbaren Weise reduziert sei.

Das „Weltbild" der Zecke ist nicht falsch. Auch sie verfügt in der Gestalt „angeborenen Wissens" über zutreffende Informationen über die Außenwelt. (Keine Art, für die das nicht gilt, könnte in der Welt überleben!) Ihre Welt ist dennoch nur ein kümmerliches Rudiment. Was die Zecke über die Welt erfährt, ist „richtig". Es ist nur, im Vergleich zur Welt des Hahns, verzweifelt wenig.

Uns, die wir ontologisch wiederum einige Etagen über der Hühnerwelt angesiedelt sind, würde es trotzdem lächerlich vorkommen, wenn der Hahn seine Überlegenheit für grundsätzlich hielte. Sein Vorsprung ist unbestreitbar. Von unserer eigenen Position aus wird jedoch deutlich, daß er nur relativen Charakter hat.

Wir beschäftigen uns hier deshalb so ausführlich mit diesem Tier, weil der Hahn uns etwas lehren kann. Seine Lage gibt uns, die wir sie von außen (nicht bloß räumlich, sondern auch ontologisch „von außen") beurteilen können, eine Antwort auf unsere Frage, ob eine den Überlebenserfolg gewährleistende Anpassung schon identisch ist mit einer Abbildung, die die reale Außenwelt objektiv richtig wiedergibt. Die Antwort ist eindeutig negativ. [...] Biologisch zweckmäßige und objektiv „wahrheitsgetreue" Abbildung werden in der Strategie der Evolution als unterschiedliche Größen behandelt. Überleben und Erkennen sind für sie zwei Paar Stiefel. Und da, wer nicht überlebt, auch nichts anderes mehr tun kann, wird, wogegen sich schwer argumentieren läßt, der Überlebenswert einer Anpassung allen anderen noch so wünschenswerten Erfordernissen vorangestellt.

Diese Tatsache nimmt uns, umgekehrt, die Möglichkeit, aus der Zweckmäßigkeit einer Anpassung den Schluß zu ziehen, sie gebe die Welt objektiv richtig oder gar vollständig wieder. Jede Anpassung ist ein Abbild der Welt. Das bleibt wahr. Es fragt sich nur, wie getreu die Abbildung jeweils ist.

Bis hierher ist es leicht, das alles einzusehen. Wir sehen die Zecke, und wir sehen den Hahn, und wir erkennen in beiden Fällen die Hoffnungslosigkeit der Distanz, die beide Lebewesen von der „Wahrheit der Welt" trennt. Der Hahn mag der Zecke noch soviel voraushaben. Von unserem eigenen Standpunkt aus schrumpft der Abstand zwischen beiden Organismen bis zur Bedeutungslosigkeit. So sehr, daß wir beide mit Recht, allen zwischen ihnen bestehenden Unterschieden zum Trotz, als „Tiere" bezeichnen und mit diesem Wort als Klasse von unserem eigenen Geschlecht abgrenzen. Bis zu diesem Punkt ist alles leicht einzusehen. Aber wir sind noch nicht am Ende des Beweisweges angelangt. Denn auch die Ebene, von der aus wir die Lage von Zecke und Hahn (und die aller anderen irdischen Lebewesen) begutachten, ist nicht die letzte, nicht die endgültig maßgebliche.

Zu dem reichen Schatz unserer Vorurteile gehört auch die Meinung, daß sie es sei. Wie aberwitzig dieser Glaube ist, wird am ehesten deutlich, wenn wir bedenken, was wir damit stillschweigend voraussetzen. Unter anderem dies:

Daß die Welt nach 13 oder mehr Milliarden Jahren just heute, in dem Zufallsaugenblick unserer eigenen Lebenszeit, am Ende ihrer Entwicklung angekommen ist. Daß, innerhalb dieser kosmischen Entwicklung, unsere Gehirne nach einem einige Jahrmillionen währenden Evolutionsablauf gerade jetzt jenen höchstmöglichen Entwicklungsstand erreicht haben, der uns instand setzt, die Welt im ganzen zu erkennen und endgültige Urteile über sie abzugeben. Daß es zwar selbstverständlich ist, daß Zecke und Hahn oder Menschenaffe weder von Kosmologie noch von Elementarteilchen jemals etwas wissen können, gleichzeitig aber ebenso selbstverständlich ausgeschlossen, daß es jenseits unseres eigenen Verstandes noch etwas geben könnte. Daß die Welt außerhalb des von den Grenzen unseres Erkenntnisvermögens gebildeten Horizonts also gewissermaßen „leer" ist, oder, anders ausgedrückt, daß zufällig und ausgerechnet gerade wir (als „Krone der Schöpfung"!) jenes Ende der ganzen Evolution verkörpern, das gleichbedeutend ist mit dem Übereinstimmen von Erkenntnisgrenzen und der Gesamtheit alles Existierenden.

Man muß es nur einmal so hinschreiben, um zu durchschauen, wie unsinnig solche Voraussetzungen sind. Glücklicherweise gibt es für diese Einsicht aber nicht nur Indizienbeweise. (Die Ideengeschichte ist eine einzige Warnung vor der Illusion, daß Logik allein ausreichte, uns von unseren Vorurteilen zu befreien.) Einstein hat es bewiesen, empirisch und unwiderlegbar, daß auch die uns angeborenen Anschauungsformen, unser erblich erworbenes Vorwissen über die Welt, diese Welt nur höchst ungenau abbilden. Auch unser Gehirn ist eben – es sollte uns eigentlich nicht überraschen – von der Evolution nicht als ein Organ im Dienste objektiver Welterkenntnis entwickelt worden, sondern vor allem als ein Organ zur Verbesserung unserer Überlebenschancen.

Wenn wir also mit der uns angeborenen dreidimensionalen Raumvorstellung seit Urzeiten recht ordentlich in der Welt zurechtkommen, dann beweist das zwar, daß es in der realen Welt auch objektiv etwas geben muß, das dieser dreidimensionalen Struktur entspricht. Daß die Evolution sich mit dem ihr

eigenen Pragmatismus aber auch in diesem Fall mit einer bloßen Annäherungslösung zufriedengegeben hat, wird durch Einsteins auf keine Weise mehr rückgängig zu machende Entdeckung belegt, daß der reale Raum der objektiven Welt über (mindestens) eine zusätzliche Dimension verfügt.
Mit Hilfe des Erklärungsmodells der evolutionären Erkenntnistheorie verstehen wir also, warum die uns angeborenen Erkenntnisformen auf die Welt passen. Und gleichzeitig sehen wir ein, daß sie uns die reale Welt dennoch nur partiell und verschwommen erkennen lassen. Dieses Wissen unterscheidet uns von allen übrigen Lebewesen auf der Erde. Es ist der einzige Zipfel der Wahrheit, den wir in die Hand bekommen haben. Die Welt, so wie sie ist, bleibt auch uns endgültig unerreichbar.
Von der Amöbe bis zu Einstein sei es nur ein Schritt, sagt Karl Popper. Er meinte es im Hinblick auf die von beiden angewendete Methode der Problemlösung. Man kann es aber auch in einem noch grundsätzlicheren Sinne verstehen. Der Abstand zwischen Einstein und der Amöbe erscheint uns, die wir uns irgendwo zwischen diesen beiden Pole einzuordnen haben, unermeßlich groß. Gemessen an der Distanz, die alle irdische Kreatur heute noch immer von der Wahrheit der Welt trennt, schrumpft aber auch er bis zur Bedeutungslosigkeit.

Aus: Hoimar von Dithfurth, Wir sind nicht nur von dieser Welt. Naturwissenschaft, Religion und die Zukunft des Menschen. Zit. nach der DTV-Ausgabe, München 1989, S. 312 ff.

Arbeitshinweise:

1. Nach welchen Gesichtspunkten nehmen Hahn und Zecke die Außenwelt wahr?
2. Wie ist unsere Wahrnehmung im Vergleich dazu einzuschätzen?

Didaktisch-methodischer Kommentar

Das Thema dieser Arbeitsblätter

Thema der hier vorgestellten Arbeitsblätter ist die Sprache in ihrer kommunikativen und kognitiven Funktion. Die erstere ist im allgemeinen Bewusstsein wie in der Fachwissenschaft unbestritten: Sprache dient der Verständigung. Ihre diesbezüglichen Funktionen sind v.a. deskriptiver, expressiver und appellativer Art.
Weniger Einvernehmen herrscht über die kognitive Funktion der Sprache. Wenn wir etwas durch sprachliche Äußerung mitteilen, dann mag es in der hier verwendeten sprachlichen Formulierung nahe liegen, dieses „Etwas" als vorgegeben anzusehen, was mit einer als Übermittlungsmedium dienenden Sprache lediglich weitergegeben wird. Diese Arbeitsblätter möchten u.a. verdeutlichen, dass auch das Denken und das strukturierende Erkennen (z.B. der Außenwelt) weitgehend durch die Sprache ermöglicht sind.

Das didaktisch-methodische Konzept

Alles, was über unsere Sprache zu sagen ist, kann mit eben dieser Sprache gesagt werden. Jeder Mensch kann sprechen und wir alle haben Regeln gelernt, nach denen wir (weitgehend unbewusst) die Ausdrücke unserer Sprache verwenden. Diese Sprache kann auch benutzt werden, um mit ihr über sich selbst zu sprechen und nachzudenken. Aus dieser Einsicht ergibt sich der methodische Ansatz dieser Arbeitsblätter: Die zu erreichenden Einsichten sollen dadurch gewonnen werden, dass die Schüler über ihren eigenen Sprachgebrauch, über die Regeln, die auch sie selbst gelernt haben und die sie beherrschen, nachdenken.

Hierfür stehen zwei methodische Vorgehensweisen, die ständig miteinander kombiniert werden, zur Verfügung:
- Durch Experimente und Rollenspiele, v.a. aber durch Nachdenken über ausgewählte sprachliche Beispiele, können die Schüler induktiv die Regeln bestimmen, denen wir beim Sprechen mehr oder weniger unbewusst folgen.
- Durch geeignete Texte werden verbreitete, aber problematische Ansichten vorgestellt. Die Schüler werden dann durch gezielte Arbeitshinweise zur Überprüfung dieser Ansichten angeregt, insbesondere auf dem Wege des Vergleichs mit ihrer eigenen Sprachpraxis. Es wird versucht, die Widersprüche solcher Theorien zu bemerken und zu beschreiben.

In diesen Arbeitsblättern gehen wir von Ergebnissen der sogenannten *Philosophie der normalen Sprache* (ordinary language philosophy) aus, insbesondere von den Arbeiten des späten Wittgenstein, die nach unserer Auffassung einen Großteil der bis heute über die Sprache bestehenden Missverständnisse aufzuklären halfen und zu einem neuartigen Verständnis der Sprache geführt haben.

Einsatz und Verwendung der Arbeitsblätter

Angesichts der besonderen inhaltlichen und unterrichtspraktischen Schwierigkeit des Themas sollen dem Lehrer teilweise weitergehende Hilfen angeboten werden.
Zum einen ist die fachwissenschaftliche Orientierung umfangreicher als gewohnt. Zum anderen wird bei einzelnen Arbeitsblättern der mögliche Unterrichtsverlauf genauer beschrieben, um die didaktische und methodische Konzeption deutlich werden zu lassen. Diese Ausführlichkeit soll den Einsatz der Arbeitsblätter im Unterricht ohne weitere Vor- oder Nachbereitung ermöglichen. Die Anordnung der Materialien dieser „Arbeitsblätter" folgt einer inhaltlichen Linie. Es wäre deshalb problematisch die Materialien völlig ohne Berücksichtigung der vorgesehenen Reihenfolge einzusetzen.

Inhaltlicher Überblick

Wir haben gelernt in den verschiedensten Situationen sprachlich zu handeln; wir fragen beispielsweise, geben Antworten, erzählen Witze, behaupten oder begründen. Die geäußerten Sätze sind von uns selbst und anderen nur zu verstehen, wenn auch die einzelnen Wörter verstanden werden. Die Bedeutung der einzelnen Wörter ist in gewisser Weise konstant, unabhängig davon, ob sie in Sätzen vorkommen, die zum Fragen, Befehlen, Warnen oder Vorwerfen verwendet werden. Ein Wort wie *rot* bedeutet dasselbe in einem behauptenden Satz wie *Diese Blume ist rot,* wie bei einem Befehl mit *Bring' diese rote Platte!* oder einer Frage wie mit *Ist dieser Einband rot?*
Zwei grundlegende Fragen treten somit in den Vordergrund: Wie ist es zu erklären, dass Wörter, also lautliche Ausdrücke bzw. Lautketten, eine bestimmte Bedeutung haben können? Was ist das überhaupt: Bedeutung?
Erklärungen zur Bedeutung sprachlicher Zeichen lassen sich auf drei grundsätzliche Theorien zurückführen, die wir *Gegenstandstheorie, Vorstellungstheorie* und *Gebrauchstheorie der Bedeutung* (im Anschluss an Wittgenstein) nennen wollen.
Im ersten Teil wird schrittweise diese Auffassung des späten Wittgenstein von der Funktion der Sprache eingeführt. In **A 1–A 3** wird gezeigt, dass Wörter nicht einfach im Sinne der Gegenstandstheorie Stellvertreter für die Dinge der Welt sind. Eine Sprache lernen kann nicht heißen: Bezeichnungen für die Dinge lernen. Vielmehr wird bei der Einführung der Gebrauchstheorie in **A 4–A 7** deutlich, dass mit dem Erwerb einer Sprache überhaupt erst gelernt wird, was es gibt bzw. was es zu unterscheiden gibt. **A 8–A 10** erklären, welch wichtige Rolle die sogenannten Prädikatoren beim Erkennen und Strukturieren unserer Wahrnehmungen und Gedanken spielen. Wirklichkeit erweist sich zu einem großen Teil als ein sprachliches, soziales Konstrukt. Die in diesem Zusammenhang oftmals beklagte Ungenauigkeit unserer

alltagssprachlichen Ausdrücke erweist sich in **A 11** und **A 12** als nötig, um die Welt geordnet zu erkennen. Auf der Grundlage der an der Gebrauchstheorie gewonnenen Einsichten werden in **A 13–A15** die Unzulänglichkeiten der weit verbreiteten Vorstellungstheorie deutlich: Wörter können nicht Stellvertreter von Gedanken sein, denn sie sind nicht ohne ihre sprachlichen Ausdrücke möglich. So wird ein weit verbreitetes Kommunikationsmodell hinfällig, weil es ein vorsprachliches Denken annimmt. An vielerlei Beispielen wird in **A 16–A 20** vertiefend auf den engen Zusammenhang von Sprache und Denken eingegangen.
A 21 möchte zeigen, dass die Problematik von Denken und Sprechen nicht durch eine normierende Definition zu lösen ist. Vielmehr sollten durch Reflexion über den Gebrauch von Wörtern wie *Sprache* und *Denken* vorschnelle Urteile vermieden und Lösungsansätze angedeutet werden. **A 22** bis **A 30** schließlich bieten eine breite Palette von typischen Einwänden gegen die bisher erarbeitete Position. Aus verschiedenen Perspektiven werden hier Sprachunabhängigkeitsbeweise vorgebracht, mit denen sich die Auseinandersetzung lohnt.
Zum Abschluss bieten **A 31–A 34** einen Anstoß zum Nachdenken, dass die sprachliche Interpretation, ja Konstruktion der Wirklichkeit bereits auf der Grundlage einer biologisch determinierten Wahrnehmung erfolgt, die sich bei genauerem Hinsehen als eine primäre Interpretation der Welt erweist. Die sogenannte objektive Welt erscheint somit als zweifach (nämlich zuerst als biologisch, zum anderen als sozial) interpretiert und konstruiert.

A1–A3

Kommentar: Die Gegenstandstheorie der Bedeutung

Fachwissenschaftliche Orientierung

Mit der Gegenstandstheorie der Bedeutung beginnen – historisch gesehen – die Bemühungen um die Klärung des Problems, wie sprachliche Zeichen Bedeutung besitzen können. Sie geht davon aus, dass sprachliche Ausdrücke ihre Bedeutung dadurch erhalten, dass sie infolge gesellschaftlicher Übereinkunft Gegenständen zugeordnet sind. Wörter wären demzufolge sprachliche Stellvertreter für Dinge, zu denen sie ähnlich wie Namensschildchen gehören. Eine Sprache lernen heißt dieser Auffassung gemäß einfach: lernen, wie die Dinge heißen. Die Gegenstandstheorie stützt sich auf die Beobachtung, dass wir in unseren natürlichen Sprachen mit Zeichen über Dinge reden, etwa mit *Hans* über Hans oder mit *Haus* über ein bestimmtes Haus. So wird angenommen, dass der Gegenstand für *hässlich* die Eigenschaft der Hässlichkeit sei, der Gegenstand von *gehen* die Handlung des Gehens, derjenige für *fallen* der Vorgang des Fallens, der Gegenstand für eine wahre Behauptung der behauptete Sachverhalt, der Gegenstand für eine Lüge der gedachte Sachverhalt, der Gegenstand eines Befehls die gedachte oder gewünschte Handlung usw.
Zur Stützung dieser Auffassung muss allerdings eine ganze Welt konstruiert werden, die aus einer Vielzahl höchst unterschiedlicher Gegenstände besteht, nämlich aus konkreten Dingen, Eigenschaften, Vorgängen, Handlungen, Sachverhalten, Zuständen, Zahlen und vielen anderen mehr, also aus Entitäten, deren ontologischer Status zumindest umstritten ist. Existiert z. B. die Eigenschaft *grün* in gleicher Weise wie der Gegenstand Baum? Existiert etwa die Farbe Rot oder gibt es vielleicht nur rote Dinge?
Hinzu kommt, dass wir über die Mehrzahl dieser Gegenstände nichts sagen können außer mit den Wörtern, deren Bedeutung der Verweis auf die Gegenstände ja erklären soll. Dieses tautologische Grundmuster wird deutlich, wenn wir einen Satz wie *Die EU-Kommission schlägt Agrarpreiserhöhungen vor* betrachten. Die Bedeutung dieses Satzes ist der Sachverhalt, dass die EU-Kommission Agrarpreiserhöhungen vorschlägt. Somit kann diese Theorie nicht beschreiben, wie wir sprachliche Ausdrücke verstehen, denn die zu erklärenden Ausdrücke kommen in der Erklärung wieder vor. Sie setzt statt dessen eine gegebene Welt voraus, die aus einer Vielzahl von Gegenständen unproblematisch gegebener Klassen besteht. Problematisch ist v. a. die Annahme, dass wir die Welt auch schon ohne Sprache erkennen und verstehen und dass es für uns nur noch darum gehe, zum Zwecke der Kommunikation über eben diese unsere Welt die nötigen Bezeichnungen zu erlernen.
Im Gegensatz dazu deutet alles darauf hin, dass wir mit dem Lernen einer Sprache in erheblichem Umfang erst lernen, was es gibt bzw. was es als Unterschiedenes gibt.

Ziele

Die Schüler sollen
- die Grundannahmen einer einfachen Sprachtheorie, der Gegenstandstheorie der Bedeutung, aus einem Text ableiten;
- diese Annahmen an alltagssprachlichen Beispielen überprüfen und die Schwierigkeiten der Theorie formulieren;
- den Hauptfehler der Gegenstandstheorie der Bedeutung mit Hilfe eines Textes von Wittgenstein erläutern.

Methoden und Ergebnisse

Zuerst werden die Grundannahmen der Gegenstandstheorie anhand einer berühmten Textstelle aus den *Confessiones* von Augustinus erarbeitet. Dies geschieht mit Hilfe der diesem Textauszug von Augustinus (**A 1, M 1**) beigefügten Fragen. Die Antworten ergeben aneinander gereiht einen Text von etwa folgendem Inhalt: „Die Bedeutung eines Wortes wird gelehrt durch hinweisende Definition. Die Bedeutung hat man gelernt, wenn man dem Wort den richtigen Gegenstand (die richtige Art von Gegenständen) zuordnen kann. Die wesentliche Funktion der Sprache ist die Bezugnahme auf die Gegenstände der Welt. Die Bedeutung eines Wortes ist der Gegenstand, für den das Wort steht."

Diese Annahme, dass die Bedeutung eines Ausdrucks der Gegenstand sei, für den der Ausdruck steht, führt jedoch in große Schwierigkeiten. Dies zeigt sich, wenn man sie an ausgewählten Satzbeispielen (**A 1, M 2**) überprüft. Die Probleme werden sichtbar, wenn für die in jedem Satzbeispiel unterstrichenen Teile oder die ganzen Sätze die Bedeutung nach den Annahmen der Gegenstandstheorie bestimmt wird, wenn also die Zuordnung der von den Ausdrücken angeblich bezeichneten Gegenstände versucht wird.

Das Problem der wechselnden Bedeutung: Anhand der Sätze (1) und (2) von **A 1, M 2** werden im Unterrichtsgespräch die ersten Schwierigkeiten deutlich. Auf die Frage *Was ist die Bedeutung von (1)?* bzw. *Für welchen Gegenstand steht (1) ?* nennt ein beliebiger Schüler den richtigen Gegenstand: sein Geburtsdatum. Dies tut anschließend ein zweiter, dritter, usw. Die Bedeutung von (1) wechselt, je nachdem, wer (1) sagt. Es müssen so viele verschiedene Bedeutungen angenommen werden, wie es verschiedene Geburtstage gibt. Ähnliches ist bei *ich* in (2) festzustellen. Wieder lesen einige Schüler nacheinander den Satz vor, wieder wechselt die Bedeutung von Fall zu Fall. Vergleichbare Schwierigkeiten treten auch bei den Personalpronomina in den anderen Sätzen auf. Als Zwischenergebnis kann festgehalten werden:

„1. Problem: Viele Ausdrücke wie *ich* oder *mein* haben keinen gleich bleibenden Gegenstand, für den sie stehen. Wenn ein Ausdruck so viele wechselnde Gegenstände und damit so viele wechselnde Bedeutungen haben kann, wie soll man dann die Bedeutung lernen?"

In einem zweiten Schritt wird die Bedeutung der in den Sätzen (3) bis (6) unterstrichenen Teile bestimmt. Der Passage *kein Haus* in (3) entspricht kein Gegenstand in der Welt, da die angesprochene Person ja kein Haus besitzt. Das gleiche Problem ergibt sich bei den drei anderen Sätzen: Die verbrannten Briefe sind ebenso wenig vorhanden wie der verstorbene Peter oder das bereits getrunkene Bier. Auch hier müssten die jeweils unterstrichenen Ausdrücke bedeutungslos sein und es wäre nicht zu erklären, wieso wir diese Sätze problemlos verstehen können. Als zweites Problem kann festgehalten werden: „Für viele Ausdrücke lassen sich in vielen Situationen keine Gegenstände finden, für welche sie stehen könnten. In diesen Fällen hätten die Ausdrücke keine Bedeutung."

Ein nahe liegender Einwand könnte sein, dass zu den Gegenständen auch die gedachten Gegenstände hinzu gezählt werden müssen; als gedachter Gegenstand bleibt beispielsweise das getrunkene Bier weiterhin als Gegenstand bestehen. Solche Überlegungen sollten als vorläufige Korrektur an der Gegenstandstheorie akzeptiert werden. Zu fragen bleibt allerdings immer noch, welches die Gegenstände sind, die *mit* in (2), *an* in (1) und den Sätzen (9) und (10) Bedeutung verleihen.

Ein unauflösbares Problem wirft auch die Behauptung auf, wonach die Bedeutung eines Ausdrucks der Gegenstand sei, für welchen der Ausdruck stehe. Die Schüler überprüfen, was in den Sätzen (4) bis (6) mit den Gegenständen geschieht, für welche die unterstrichenen Ausdrücke stehen. Die Bedeutungen sind die Gegenstände und infolge der Gleichsetzung von Bedeutung und Gegenstand ergibt sich das dritte Problem: „Wenn die Bedeutung eines Ausdrucks der mit dem Ausdruck bezeichnete Gegenstand ist, dann könnte man Bedeutungen besitzen, verbrennen, trinken usw. Alles, was sich über Gegenstände sagen ließe, könnte auch über Bedeutungen gesagt werden."

Abschließend wird gefragt, was der Gegenstand für den ganzen Satz (2) sei. Die Antwort wird wohl lauten: Die Tatsache, dass ich mit ihm ins Haus gehe. Es bleibt zu fragen, welches die Gegenstände der ganzen Sätze (7) und (8) seien. Die Antwort wird ähnlich ausfallen. Versucht man die Sätze (2) , (7) und (8) zu unterscheiden, so wird Satz (2) sicher als Behauptung, Satz (7) als Frage und Satz (8) als Befehl bestimmt. Im Anschluss daran kann diskutiert werden, welcher Gegenstand es ist, der den Bedeutungsunterschied zwischen Behauptung, Frage oder Befehl ausmacht. Dieses Problem ist innerhalb der Theorie nicht lösbar und als solches zu formulieren.

„4. Problem: Für ganze Sätze lassen sich nur schwer Gegenstände, also Bedeutungen finden. Die Bedeutung einer Satzäußerung, z. B. als Bitte, Befehl oder Aufforderung, ist nicht in Form von Gegenständen zu bestimmen."

Anhand von **A 2**, einem Auszug aus Wittgensteins *Philosophischen Untersuchungen*, sollte die Kritik an der Gegenstandstheorie vertieft und erweitert werden. Die Arbeitshinweise zielen auf folgende Einsichten:

1. Jede hinweisende Definition ist für sich genommen missverständlich (§ 28). Ein Kind wird durch eine einmalige Hinweisgeste normalerweise nicht lernen, ein Wort zu gebrauchen.
2. Erklärungen, wie man die mehrdeutige Hinweisgeste meint, setzen bereits eine weitgehende Sprachkundigkeit voraus. Sie sind beim Erwerb der Muttersprache erst in späterem Alter möglich.
3. Wer nach Benennungen fragen kann, hat schon die zu benennenden Gegenstände unterschieden. Das geht aber wahrscheinlich nicht ohne bereits eine Sprache gelernt zu haben.
4. Augustinus setzt das Kleinkind unzulässigerweise mit einem Fremden gleich, der in seiner Muttersprache die Unterscheidung der Dinge und das Denken gelernt hat und nur noch die Übersetzung benötigt. Das Kind braucht aber keine Übersetzung, denn was sollte es in die Muttersprache übersetzen, die es erst noch lernen soll?

Das Arbeitsblatt **A 3** enthält eine zusammenfassende Darstellung zu Wittgensteins Gebrauchstheorie. Es kann zur Vertiefung oder zur Leistungskontrolle, etwa in Form einer Hausarbeit, eingesetzt werden.

A 4–A 7

Kommentar: Die Gebrauchstheorie der Bedeutung

Fachwissenschaftliche Orientierung

Die Gebrauchstheorie der Bedeutung geht nicht von der fragwürdigen Existenz einer vorsprachlich gegebenen Welt aus, die aus Objekten besteht, denen unsere Wörter gleichsam wie Namenstäfelchen angeheftet werden. In dem Terminus *Gebrauch* ist kein Hinweis auf einen dem Wort entsprechenden Gegenstand enthalten. Die Frage *Was bedeutet dieser Ausdruck?* wird ersetzt durch die Frage *Wie wird dieser Ausdruck gebraucht?*
Dieses Sprachverständnis geht auf den späten Ludwig Wittgenstein zurück. Mit seiner Gebrauchstheorie ist eine neue Sichtweise der Sprache entstanden, der sich vertraute Ansichten und Denkgewohnheiten anfänglich widersetzen. So sollte man nach Wittgenstein am besten gar nicht mehr von *Bedeutung* reden. Jedenfalls ist die Bedeutung nichts außerhalb der sprachlichen Äußerung, nicht etwas, was nach bestimmten Regeln der Äußerung als Bedeutung zuzuordnen wäre, so wie man Sätze eines fremdsprachlichen Textes Sätzen unserer Sprache zuordnet und sie damit übersetzt. Wir verstehen die Äußerung unmittelbar als eine (sprachliche) Handlung, wir verstehen, was jemand mit seiner Äußerung macht. Im wesentlichen müssen wir beispielsweise bei der Äußerung des Satzes *Besiegt Dorothea ihren Mann?* erkennen, auf wen sich der Sprecher bezieht (Dorothea und ihren Mann), was er darüber prädiziert (besiegen), und wir müssen begreifen, dass die Situation so ist, dass der Sprecher nicht weiß, ob die Prädikation zutrifft und eben dies vom Gegenüber wissen möchte. Letzteres wird in gewissem Umfang aus der Form des Satzes und der Intonation ersichtlich.
Beim sprachlichen Handeln gilt es also zu verstehen, auf was der Sprecher sich bezieht, was er darüber prädiziert und in welcher Situation bzw. mit welcher Absicht er beides tut, ob als Frage, Behauptung, Bitte, etc. Dazu müssen wir zuerst einmal die Regeln kennen, nach denen die verschiedenen Wörter gebraucht werden, um zu verstehen, worauf mit ihnen Bezug genommen und was darüber prädiziert wird. Bei allen Wörtern, die sich zu- oder absprechen lassen (im Folgenden *Prädikatoren* genannt), müssen wir also die Bedingungen kennen, unter denen wir diese Wörter wahrheitsgemäß zusprechen.

Ziele

Die Schüler sollen
- die Methode des Lehrens und Lernens von Wörtern beschreiben;
- die Unterschiede zwischen dem Lernen der Muttersprache und dem Lernen einer Fremdsprache erklären;
- erkennen, dass verschiedene Kulturen die Welt mit der Sprache verschieden einteilen;
- verstehen, dass die Regel des Gebrauchs eines Wortes kennt, wer die Bedingungen kennt, unter denen das Wort zugesprochen wird.

Methoden und Ergebnisse

Nach Wittgensteins Kritik an der Spracherwerbstheorie von Augustinus stellt sich die Frage, wie ein Kind dann wohl die Bedeutung von Wörtern lernen kann. Anhand von A 4 wird in einer mehrstufigen Spielphase von einer fiktiven Situation ausgegangen, in welcher die Schüler selbst im Rollenspiel Wörter einer fremden Sprache lernen sollen. Sie können sich dabei auf kein Übersetzungswörterbuch stützen und erhalten keine Hilfestellungen durch sprachliche Erklärungen. Die Lernenden befinden sich also in der gleichen Situation wie das Kleinkind, das eine Sprache lernt. So kann nachvollzogen werden, dass eine ostensive (hinweisende) Definition allein keine ausreichende Lehrmethode ist. Die Muttersprache wird anders als eine Fremdsprache erlernt. Zumindest ansatzweise sollte auch deutlich werden, dass die Welt nicht einfach gegeben ist, sondern erst durch die Sprache im Zusammenhang einer Lebenspraxis zu unserer Welt wird. Das Rollenspiel kann in folgenden Schritten durchgeführt werden:
1. Den Schülern wird anhand von A 4 *(Das Lernen einer Sprache)* die fiktive Spielsituation mitgeteilt: In einer bestimmten Gegend von Neuguinea lebt ein Volksstamm, der noch nie mit der Außenwelt in Berührung gekommen ist. Dort herrscht eine völlig andere Kultur und die Menschen dort haben ein ganz anderes Bild von der Welt. Um die Kultur der Einheimischen angemessen erforschen bzw. verstehen zu können, wollen europäische Forscher die Sprache des Stammes lernen. Dieses Lernen soll an drei Wörtern durchgespielt werden: *ixala, uxala* und *exali.*
2. Drei Schüler werden bestimmt, die als „Einheimische" den „Europäern" die Bedeutung von *ixala, uxala* und *exali* vermitteln. Sie dürfen keine deutschen Erklärungen geben, da die „Europäer" die Einheimischen ja nicht verstehen können. Ebenso sind von den „Europäern" sinnvollerweise keine Fragen möglich, da diese wiederum von den „Einheimischen" nicht verstanden werden. (Auch das Kleinkind kann ja noch nicht fragen, und die Erklärungen des Erwachsenen sind ihm noch nicht verständlich.)
Außerhalb des Unterrichtsraumes legt der Lehrer mit dem ersten Schüler die Bedeutung von *ixala* fest. Es bietet sich eine Farbe an, die im Unterrichtsraum einige Male vorkommt, z. B. *blau.*
3. Der „Einheimische" spricht *ixala* aus und zeigt auf einen Gegenstand, z. B. auf einen blauen Pullover. Die europäischen Forscher schreiben sofort auf, welche Bedeutung *ixala* haben könnte, z. B. *Kleidungsstück, Pullover, Wolle, weich, blau,* etc. Danach zeigt der „Einheimische" weitere Beispiele, z. B. eine blaue Hose. Die „Forscher" grenzen die möglichen Bedeutungen ein, z. B. *Hose, Stoff, Farbe,* etc. Der „Einheimische" darf auch Beispiele für *Nicht-ixala* zeigen, wobei der Einfachheit hal-

ber das Wort *nono* zugelassen wird. Glaubt ein „Forscher“ den Gebrauch von *ixala* erkannt zu haben, klatscht er in die Hände. Jetzt darf er *ixala* selbstständig auf andere Beispiele anwenden. Der „Einheimische“ bejaht oder verneint. Werden mehrere Beispiele bejaht, so darf (wenigstens hier im Spiel) davon ausgegangen werden, dass der Gebrauch des Wortes erfasst ist. Damit gelingt auch die Übersetzung in ein deutsches Wort, z. B. *blau*. Bei diesem ersten Beispiel wurde von einem für die „Europäer“ unrealistisch günstigen Fall ausgegangen, dass nämlich das zu lernende Wort ein deutsches Äquivalent hat. Das dürfte bei einer völlig anderen Kultur kaum die Regel sein. Die nächsten Beispiele haben deshalb im Deutschen keine so einfache Entsprechung.

4. Dem zweiten Schüler wird vor der Tür die Bedeutung von *uxala* mitgeteilt. Im Gebrauch dieses Wortes sind zwei bei uns getrennte Einteilungen zusammengezogen: *uxala* soll nämlich nur auf Gegenstände zutreffen, die hart und glatt sind. Der „Einheimische“ versucht wieder den Wortgebrauch durch geeignete Beispiele und Gegenbeispiele zu lehren.

5. Dem dritten Schüler wird ebenfalls vor der Tür die Bedeutung von *exali* mitgeteilt. Angenommen wird hier, dass in der anderen Sprache nicht zwischen grün und blau unterschieden werde. Exali bedeutet etwa *hart und grün oder blau.* Wichtig ist deshalb, dass der „Einheimische“ sowohl auf grüne als auch auf blaue Beispiele hinweist.

Natürlich lassen sich auch Beispiele denken, die sich jeder Übersetzung widersetzen. Sie erscheinen aber im Unterrichtsraum nur schwer vorführbar. Es genügt, dass die Schüler sich der Einsicht nähern, dass die Welt je nach Kulturkreis verschieden einteilbar ist und dass die Menschen einer anderen Kultur möglicherweise Dinge erkennen, die unserer Wahrnehmung entgehen und umgekehrt. Dazu dürften die obigen drei einfachen Beispiele genügen.

Im Anschluss an das Rollenspiel sollte erörtert werden, wie nun ein Kleinkind den Gebrauch eines Wortes erfasst. Dabei wird deutlich, dass das Kind mehrere Beispiele für die korrekte Verwendung des Wortes braucht (mindestens zwei). Das Kind hat ja nicht von vornherein die richtige Zuordnung zu bestimmten Gegenständen, wie Augustinus annahm, denn viele Gegenstände, z. B. Farben, sind nicht gleichsam natürlich unterschieden, sondern entstehen als solche erst durch den Spracherwerb für das Kind. Erkennt das Kind das Gemeinsame verschiedener Lehrbeispiele, kann es das Wort auf beliebig viele weitere Gegenstände anwenden und beliebig viele Gegenstände gleicher Art von anderen unterscheiden. Es beherrscht dann die Regel des Gebrauchs und kennt also die Bedingungen, unter denen das Wort gesprochen werden kann. Diese Definition von *Regel des Gebrauchs* sollte besonders deutlich und wiederholt hervorgehoben werden.

Zu **A 5**: Durch die schriftliche Bearbeitung von **M 2** wird das Ergebnis des Rollenspiels und des anschließenden Gesprächs genauer formuliert und festgehalten. Mögliche Antworten auf die Fragen sind:

1. Einem Kind kann ein Wort in der Regel nicht mit anderen Wörtern erklärt werden, weil es ja die anderen Wörter auch erst erklärt bekommen müsste. Dagegen kann einem Ausländer einfach ein entsprechendes Wort seiner Muttersprache zur Erklärung gegeben werden. Das Kind lernt durch Beispiele und Gegenbeispiele.
2. Eine hinweisende Definition ist für sich genommen vieldeutig. Aus verschiedenen Anwendungsfällen kann das Kind dagegen das Gemeinsame der Anwendungen erkennen. Das zu lernende Wort bezeichnet das Gemeinsame der verschiedenen Beispiele.
3. Das Kind beherrscht die Gebrauchsregel, wenn es das Wort auf weitere Beispiele richtig anwenden kann. Dies gelingt, wenn das Kind die Bedingungen kennt, unter denen das Wort wahrheitsgemäß zugesprochen werden kann.
4. Wir unterscheiden die Dinge (z. B. Farben) auf eine bestimmte Weise, weil wir eine bestimmte Sprache gelernt haben.

A 6 und **A 7** bieten die Möglichkeit die gewonnenen Einsichten zu präzisieren und zu vertiefen. (Es bieten sich arbeitsteilige Gruppenarbeit oder – je nach zeitlichen Möglichkeiten – häusliche Arbeit an.)

Nach **A 6** hat die Gebrauchstheorie den Vorteil, dass man nicht etwas suchen muss, was dem Wort zugeordnet ist. Der Gebrauch gibt dem Wort Bedeutung. Der Autor präzisiert „Gebrauch“ folgendermaßen: Er besteht in der Regel, wie ein Ausdruck verwendet wird. Demzufolge gibt es auch einen korrekten und nicht korrekten Gebrauch.

In **A 7** ist das Wesentliche noch einmal präzise und systematisch ausformuliert. Anhand der Arbeitshinweise kann herausgearbeitet werden:

Der Gebrauch von Prädikatoren kann gelehrt werden durch

- die paradigmatische Definition (also das Lehren und Lernen anhand von Beispielen),
- die ostensive Definition (also das einmalige Hinweisen und Aussprechen des Wortes im Sinne von Augustinus) sowie
- die Regelbeschreibung, bei der der Gebrauch durch eine sprachliche Erklärung erfolgt.

Für den primären Spracherwerb taugt nur die erste Form, denn die Regelbeschreibung wird vom sprachunkundigen Kleinkind nicht verstanden, die ostensive Definition bleibt missverständlich und unklar, weil ihr Bezug unklar und die Dinge, auf die Bezug genommen wird, vor dem Spracherwerb noch nicht unterschieden sind.

A8–A10

Kommentar: Sprache und Erkennen

Fachwissenschaftliche Orientierung

Im letzten Abschnitt wurde an praktischen Beispielen gezeigt, wie wir den Gebrauch von sogenannten Prädikatoren erlernen. In diesem Abschnitt soll deutlich werden, dass diese Prädikatoren eine wichtige Rolle beim Erkennen der natürlichen und sozialen Außenwelt spielen.
Die Welt stellen wir uns meist als etwas irgendwie Objektives, nicht von unseren Vorstellungen über sie oder von unserem Willen Abhängiges vor, aber sie existiert für uns doch immer nur als „unsere" Welt, also in der Art und Weise, wie wir sie erfassen. Dabei spielen die so genannten Prädikatoren eine wichtige Rolle. Prädikatoren sind Wörter wie *Haus, rot, lieb* oder *fließen*, also Wörter verschiedener Art: Substantive, Adjektive, Verben. Gemeinsam ist ihnen, dass wir sie Gegenständen zu- oder absprechen können. Wir können von etwas sagen, es sei ein Haus, es sei nicht rot oder es fließe. Keine Prädikatoren sind dagegen Wörter wie *hoffentlich, aber* oder *Hallo.* Ihre Funktion besteht nicht darin bestimmten Gegenständen zu- oder abgesprochen zu werden. Prädikatoren, also prädizierbare Ausdrücke, sollten somit nicht mit dem syntaktischen Prädikat verwechselt werden. Sie kommen in allen Satzteilen vor.
Die entscheidende Leistung der Prädikatoren ist, dass wir mit ihnen die Welt in Dinge gleicher Art einteilen. So, wie wir einerseits im Spracherwerb an verschiedenen Beispielen gelernt haben, wann wir etwas beispielsweise Haus nennen (indem wir das Gemeinsame der verschiedenen roten, gelben, großen, kleinen oder runden Häuser, der Häuser mit und ohne Garten, usw. erkannt und das jeweils Wechselnde als irrelevant ausgeschieden haben), so teilen wir andererseits die Welt in Dinge gleicher Art ein, unterscheiden mit Hilfe der Prädikatoren in Häuser, Bäume, rote oder runde Dinge usw. Gleich ist dabei, was wir entsprechend unseren Prädikatoren als gleich gelten lassen. Und das ist nicht irgendwie festgelegt oder vorgegeben, sondern Sache einer Regel oder Konvention, die sich im Laufe unserer Geschichte herausgebildet hat. Ein anderer Sprachgebrauch ist verbunden mit einer anderen Einteilung der Welt.
Es ist somit eine wesentliche Leistung der Sprache, dass wir uns in der Welt zurechtfinden. Weil wir das Chaos einer unendlich komplexen Welt überschaubar machen, indem wir es reduzieren auf eine endliche Anzahl von Gegenstandsarten (Häuser, rote, runde oder harte Dinge, usw.), finden wir uns in der Welt zurecht, können wir überhaupt Dinge (wieder)erkennen und ordnen. Die Einteilungen der Welt sind aber nicht einfach in unser Belieben gestellt. Als Individuen übernehmen wir sie von den vorausgehenden Generationen. Darüber hinaus sind wir als Wesen der Gattung Mensch schon in gewisser Weise festgelegt, die Welt auf eine bestimmte Weise zu sehen und zu ordnen (vgl. dazu die Arbeitsblätter 31–34). An der Verschiedenheit der Einteilungen in verschiedenen Sprachen lässt sich jedoch ein mehr oder weniger großer Spielraum erkennen, wie wir die Dinge einteilen können. Das kann teilweise bis zur völligen Unübersetzbarkeit von Sprachen gehen, wie es etwa die so genannte Sapir-Whorf-Hypothese feststellt.

Ziele

Die Schüler sollen
- die Leistung der Sprache bei der Gliederung der Welt (auf der Grundlage eines Textes) beschreiben;
- die Konventionalität der Sprache erklären und die Relativität der Weltsicht verstehen;
- Prädikatoren von anderen Wortarten unterscheiden (fakultativ).

Methoden und Ergebnisse

Zur Annäherung an das Thema *Wie finden wir uns in der Welt zurecht?* ist eine vorbereitende Gesprächsphase nützlich. Es sind Impulse folgender Art denkbar: *„Die Welt besteht aus unzähligen einzelnen Gegenständen, Handlungen, Ereignissen, etc. Wie können wir uns in dieser unüberschaubaren Vielfalt zurechtfinden, ohne völlig die Übersicht zu verlieren? Wie bringen wir Ordnung in dieses Gewirr?"* Die Antworten werden darauf hinauslaufen, dass wir Gruppen, Klassen oder Typen von Dingen erkennen und die Einzelgegenstände solchen Typen oder Klassen zuordnen. Daran schließt sich unmittelbar die nächste Frage an: *„Wieso können wir Dinge, Ereignisse, Sachverhalte als gleichartig erkennen?"* Und: *„Trägt die Sprache etwas zur Ordnung der Welt bei?"*

In **A 8** sind die wesentlichen Bemerkungen über die Leistung der Sprache bei der Gliederung der Welt zusammengefasst. Dieser Text von Kamlah und Lorenzen kann anhand der beigefügten Fragen bearbeitet werden. Kamlah und Lorenzen betonen einerseits die sprachliche Gliederung der Welt, andererseits die Konventionalität unserer sprachlichen Einteilungen, die so oder auch anders sein könnten. Die Arbeitshinweise sollten zu folgenden Einsichten führen:
1. Mit den Prädikatoren teilen wir die Welt in Dinge gleicher Art ein. Gleich ist, was wir mit demselben Prädikator bezeichnen können, z. B. mit *Haus, Auto,* usw.
2. Unsere Sprache ist konventionell, weil die sprachlichen Regeln von Menschen gemacht sind und auch anders sein könnten. Würden wir unsere Prädikatoren nach anderen Regeln gebrauchen, wäre auch die Einteilung der Welt eine andere. (Würden wir beispielsweise den Ausdruck *Fahrzeug* nur noch Gegenständen mit vier Rädern zusprechen, würde also die Gebrauchsregel für *Fahrzeug* geändert, dann gäbe es wesentlich weniger Fahrzeuge und dafür mehr Dinge anderer Art.)
3. Diese Konventionalität der sprachlichen Regeln zeigt sich besonders im Bereich der Bezeichnungen für menschliche Verhaltensweisen, aber auch schon, wenn

auch nicht so deutlich, im Bereich der konkreten Gegenstände.

4. Die sprachlichen Regeln werden meist nicht gesondert gelehrt, vielmehr muss das Kind sie aus der unmittelbaren Lebenspraxis erschließen.

Alle bisherigen Bemerkungen über den Gebrauch und die Leistung unserer Wörter bezogen sich auf die Prädikatoren, also auf Wörter, die Gegenständen mit Wahrheitsanspruch zu- oder abgesprochen werden können. Es sind aber nicht alle Wörter Prädikatoren, gibt es doch beispielsweise Wörter wie *und* oder *mit*, die keinen Gegenständen zu- oder abgesprochen werden können. Um zu erkennen, welches diese prädizierbaren Wörter sind, die für das Erkennen und Unterscheiden so bedeutsam sind, untersuchen die Schüler anhand von **A9, M1** (Was ist ein Prädikator?), welche Ausdrücke Prädikatoren sind und welche nicht.
Es ergibt sich folgendes Resultat: Prädikatoren sind die Verben und Hilfsverben in (3), (4), (5) und (6), die Pronomina in (4), (5) und (6), die Substantive in (2) und (6) sowie die Prädikatsnomina in (5) und (6). Alle anderen Wörter der Sätze sind keine Prädikatoren. Es ergibt beispielsweise keinen Sinn von etwas zu behaupten, es sei *hallo*. Auch Eigennamen (Otto und Franz) werden normalerweise nicht als Prädikatoren angesehen, denn sie können nur *jeweils* einem einzigen Gegenstand zugesprochen werden.
Im Anschluss an die Besprechung der Einzelarbeit kann noch im Gespräch am Beispiel des Ausdrucks *zu* in Satz (6) der Gebrauch dieser Wörter, die keine Prädikatoren sind, geklärt werden. Es ist undenkbar, dass von einem Gegenstand gesagt werden kann, das Wort *zu* treffe auf ihn zu. Trotzdem macht es einen Unterschied, ob ich von einem Gegenstand sage, er sei *heiß* oder *zu heiß*. Anscheinend kann das Wort *zu* nur nicht allein prädiziert werden, aber durchaus mit bestimmten anderen Wörtern zusammen. Der Gebrauch von *zu* und anderen solchen Wörtern wird also gelernt, indem das Gemeinsame an solchen Zusammensetzungen wie *zu heiß, zu sauer, zu schnell* oder *zu groß* oder entsprechend das Gemeinsame von *mit Franz, mit Hilfe* usw. erfasst wird.

An dem Aufsatz von J. Mittelstraß (**A 9, M 2**) können die gewonnenen Einsichten über die Leistung der Sprache für das Erkennen vertieft werden. Der Text kann vom Schüler selbstständig, etwa im Rahmen einer Hausaufgabe, bearbeitet werden. Die Arbeitshinweise zielen auf folgende Ergebnisse:

1. Prädikatoren sind alle Wörter, die sich Gegenständen zu- oder absprechen lassen. (Nicht nur materielle Gegenstände sind gemeint, sondern im Sinne der Logik alles, worüber etwas gesagt werden kann, also alles, worüber etwas prädiziert werden kann.)
2. Mit Prädikatoren unterscheiden wir Gegenstände. Durch solche klassifizierenden Unterscheidungen orientieren wir uns in der Welt. Neuartiges, noch Unbekanntes, versuchen wir mit Hilfe der bisherigen Prädikatoren einzuordnen. Neben der Neueinführung von Prädikatoren können auch die bestehenden Regeln für den Gebrauch von Prädikatoren durch Hinzuziehung neuer Beispiele verändert und einer veränderten Umgebung angepasst werden.
3. Im Normalfall können wir uns unproblematisch über die Welt verständigen, weil unsere Unterscheidungen gleichartig sind infolge eines gleichartigen Gebrauchs unsere Wörter. Etwaige Unstimmigkeiten können im Gespräch als Abweichungen im Sprachgebrauch erkannt und korrigiert werden, so dass die sprachlichen Regeln der kommunizierenden Subjekte einander angepasst werden.
4. In diesem Sinn ist die Wirklichkeit das, was wir entsprechend der Tradition unserer Sprachgemeinschaft unterscheiden.

A 10, M 1 und **M 2** sind zur Überprüfung der gewonnen Einsichten, aber auch zur Leistungskontrolle geeignet.
Der alte Mann in Peter Bichsels Erzählung (**A 10, M 1**) hat sich streng genommen keine neue Sprache geschaffen. Für die Annahme, dass man bei ihm von einer neuen Sprache zu reden habe, gibt es lediglich zwei Argumente: Der Mann wird von seiner Umgebung nicht mehr verstanden, wenn er seine Sprache spricht. Er verwendet die Wörter nicht nach unseren Regeln.
Aber das reicht nicht aus, um von einer wirklich neuen Sprache zu sprechen: Er hat nämlich alles Wesentliche der bisherigen Sprache beibehalten. So sind die Laute und Wörter dieselben geblieben. Kein einziger neuer Laut, keine einzige neue Lautkombination ist zu finden. Sogar die Wortarten sind dieselben. Ein Wort, das Nomen war, bleibt Nomen. Auch die Grammatik dürfte unverändert sein. Vor allem aber hat der Mann keine neuen Regeln für den Gebrauch der Wörter erfunden. Er verwendet lediglich andere Wörter nach den alten Regeln. Anders ausgedrückt: Er gebraucht jedes Wort nach unseren Regeln für ein anderes Wort. Damit hängt aber ein weiterer entscheidender Gesichtspunkt zusammen: Die sprachliche Einteilung der Welt ist dieselbe. Hätte der Mann beispielsweise auch die Farbnamen vertauscht, würde er mit seiner privaten Sprache dennoch keine neuen Farben sehen. Die Unterscheidung z. B. zwischen *rot* und *orange* oder zwischen *rot* und *grün* wäre nach wie vor gleich, auch wenn sie mit anderen lautlichen Gebilden verbunden ist, solange die Regeln dieselben sind.

A 10, M 2 wirft eine Vielzahl interessanter, aber auch komplizierter Fragestellungen und Überlegungen auf. Es ist nicht zu erwarten, dass die Schüler auch nur annähernd die Vielfalt der im Folgenden skizzierten Überlegungen erreichen. Trotzdem kann der Versuch einer selbstständigen Auseinandersetzung mit der hier dargestellten Ansicht durchaus unternommen werden.
Stegmüller referiert in dem vorliegenden Textausschnitt eine naive Auffassung des Verhältnisses von Sprache und Welt. Entscheidend erscheint bei dieser Ansicht, dass dabei fälschlicherweise davon ausgegangen wird, als wäre die Welt und die Vielzahl der Dinge der Welt irgendwie unproblematisch vor der Sprache gegeben. Demzufolge wären die Dinge bereits aufgeteilt und es würden ihnen sozusagen hinterher erst die Wörter gleichsam als Etiket-

ten aufgeklebt (eine solche Ansicht entspricht in etwa der Auffassung der bereits kritisierten Gegenstandstheorie der Bedeutung).
Dagegen ist festzustellen, dass die Einteilung der Welt in gewissem Umfang sich zwar aufdrängt, aber kulturell bzw. sprachlich bedingt ist. Somit sind auch die Dinge als solche erst durch die Art unserer Unterscheidung da (einleuchtend auch hier wieder das Farbenbeispiel).
Neben diesem grundsätzlichen Einwand kann an der von Stegmüller geschilderten Ansicht unter anderem auch noch Folgendes kritisiert werden: Die Entsprechung zwischen Wörtern und Dingen ist nicht eindeutig. Es stimmt nämlich nicht, dass jedem Ding genau eine Bezeichnung und jedem Wort genau ein Ding zugeordnet werden kann. Nicht jedem Ding in der Welt entspricht genau ein Wort. Unsere Wörter passen auf viele Einzeldinge: *Haus* entspricht vielen Häusern; man könnte sagen, dass bei allen Prädikatoren höchstens Entsprechungen zu Klassen von Dingen angenommen werden können, nicht aber zu Einzeldingen. Aber auch umgekehrt stimmt die Behauptung der eindeutigen Entsprechung nicht: Nicht jedem Wort oder Ausdruck entspricht ein Ding in der Welt. Welcher Gegenstand soll beispielsweise dem Ausdruck *Hallo* entsprechen? Welche Tatsache in der Welt entspricht dem Ausdruck *Komm!*, wenn der Angesprochene den Befehl verweigert? Was ist mit mehrdeutigen Ausdrücken wie *Ball, Schimmel*, usw.? Hier gibt es keine eindeutigen Entsprechungen zwischen Wörtern und Dingen (bzw. Klassen von Dingen).
Können diese Kritikpunkte von den Schülern teilweise noch erwartet werden, so ist dies bei den folgenden Aspekten unwahrscheinlich: Hinzuweisen wäre auf die Unklarheiten der folgenden Auffassung: Ausgehend von einem Satz wie *Ottos Haare sind weiß*, wäre zu fragen, ob die Farbe ein zusätzlicher Mosaikstein zu den Haaren sein soll, wo doch jedem Wort ein Ding oder Mosaikstein entsprechen muss. Wenn nein, dann würde den Farbbezeichnungen wie allen anderen Eigenschaftsbezeichnungen nichts Eigenständiges in dem Mosaik „Welt" entsprechen. Wenn ja, müsste man sich fragen, wie die vielen Eigenschaften dann noch zwischen und neben den Mosaiksteinen Platz haben sollen.
Oder nehmen wir den Satz *Das Haus von A ist größer als das Haus von B.* Wenn dem Satz Wort für Wort ein bestimmter Weltausschnitt zugeordnet werden könnte, müsste sich auch die Relation *ist größer als* objektiv als Mosaikstein in der Welt finden lassen, also als ein zusätzliches Mosaiksteinchen neben den beiden Häusern A und B. Wo ist es?

A 11 – A 12

Kommentar: Die „Ungenauigkeit" der Sprache

Fachwissenschaftliche Orientierung

In unserem Spracherwerb haben wir für jedes Wort Bedingungen gelernt, unter denen wir es wahrheitsgemäß zusprechen können. Wir wissen aber alle, dass über die Anwendbarkeit eines bestimmten Wortes häufig keine sichere Entscheidung möglich ist, z. B. darüber, ob etwas noch blau oder schon violett ist und dergleichen. Man könnte also annehmen, dass wir einerseits keine sehr genauen Regeln gelernt haben und dass andererseits auch unsere Ordnung der Welt nur höchst unpräzise und unzuverlässig ist.
Aber unsere Einteilung ist eine Einteilung für einen bestimmten Zweck, für den Alltag. Wünschen wir genauere Festlegungen, so können wir die Prädikationsregeln genauer festlegen, und das ist ein Vorgang, der in den Wissenschaften alltäglich ist. Für unseren Alltag aber wären völlige Präzisierungen nicht nur nicht möglich, sondern auch ganz und gar unsinnig. Mit unseren Prädikatoren gliedern wir die Welt in Dinge gleicher Art. Wären die Bedingungen, unter denen wir einen Prädikator zusprechen, jedoch völlig exakt, ins Letzte detailliert, gelänge uns genau dies nicht mehr. Welchen Gegenständen könnten wir dann einen nach solchen genauen Regeln gebrauchten Ausdruck wie *Baum* zusprechen, wo doch kein Baum dem anderen völlig gleicht? Wäre *Baum* völlig exakt gebraucht, könnte der Ausdruck höchstens auf einen Baum angewandt werden; wäre er auf mehr als einen anwendbar, dann wäre er nicht ganz exakt gebraucht. Hätten wir eine solche kaum vorstellbare, völlig genaue Sprache, ständen wir einem Universum ungeordneter Einzeldinge gegenüber, für die wir eine Unzahl von Eigennamen kennen müssten, ohne dass wir jedoch die notwendige Gliederung erreichten. Damit ist klar, dass unsere Wörter immer mehr oder weniger „offene" Regeln haben müssen.

Ziele

Die Schüler sollen
- durch Überprüfung ihrer eigenen Regeln die Ungenauigkeit der Sprache erkennen,
- begründen, warum die Regeln für Prädikatoren ungenau sein müssen.

Methoden und Ergebnisse

Jeder kann an den Wörtern der eigenen Alltagssprache überprüfen, wie genau oder ungenau die Regeln sind, die er für den Gebrauch dieser Wörter im Laufe seines bisherigen Lebens gelernt hat. A 11, M 2 kann als Einstieg in ein vom Ergebnis her offenes Gesrpäch über das zur

Klärung anstehende Problem eingesetzt werden. **A11, M1** bietet eine erste Präzisierung, ist aber dennoch nur Ausgangspunkt für eine weitergehende Erörterung des Themas. Mit Hilfe von **A11, M1** kann die Ungenauigkeit der Sprache bewusst gemacht werden. Zu diesem Zweck sind Wortpaare zusammengestellt, die sich für eine solche Untersuchung anbieten. Es können vier Schülergruppen gebildet werden. Jede Gruppe untersucht ein Wortpaar und bestimmt die Regel für den Gebrauch der jeweiligen Ausdrücke: Dabei wird versucht, die Bedingungen zu formulieren, unter denen wir diese Ausdrücke zusprechen. In jedem Fall sollte schriftlich ein Untersuchungsergebnis formuliert werden!

Die Gruppen werden keine überzeugenden Abgrenzungen finden. Statt dessen zeigt sich eine weitgehende Unmöglichkeit, die Regeln genau anzugeben. In einem Gespräch sollte auf folgende Aspekte deutlich abgehoben werden: 1. Der Gebrauch unserer Wörter ist mehr oder weniger unbestimmt. Oft ist in Grenzfällen keine sichere Entscheidung über die Anwendbarkeit eines Ausdrucks möglich (z. B. ist etwas noch ein Hügel oder schon ein Berg?). 2. Für manche Wörter wie *Spiel* und *Musik* lässt sich nicht einmal eine Gemeinsamkeit für alle Anwendungsfälle finden.

In einem zweiten Schritt können die Auswirkungen dieser ungenauen Regeln auf unsere Einteilung der Welt diskutiert werden. Leitfrage: *Hat die Ungenauigkeit unserer sprachlichen Regeln Auswirkungen auf unsere Ordnung der Welt?* Die Antwort auf diese Frage ist leicht: Unsere Gliederung der Welt ist genauso unscharf, wie unsere sprachlichen Regeln unscharf sind.

In einem dritten Schritt sollte es um die Frage gehen, ob eine Präzisierung der Regeln (z. B. für *Spiel, Musik*, usw.) nicht wünschenswert wäre. Diese Frage kann nach einer Diskussion auf eine sichere Weise nach folgendem Rollenspiel beantwortet werden.

Folgende Spielvorgabe wird vorgelesen:

Die Regierung eines fernen Landes ist unzufrieden mit der Ungenauigkeit der Sprache, weil sie die adäquate Besteuerung der Häuser, Autos, Fahrräder usw. erschwert. Eine Kommission wird beauftragt, eine genauere Sprachregulierung einzuführen. Die neue Regel soll möglichst genau sein, wobei zweitrangig ist, ob die Kriterien sinnvoll sind. Die Hauptsache ist, dass sie überprüfbar sind. Die von der Kommission beschlossenen Regeln sollen durch Gesetz allgemein verbindlich werden.

Die Schüler bilden eine Unterkommission, die festzulegen hat, was in Zukunft unter Haus verstanden werden soll. Jedes Kommissionsmitglied darf ein Merkmal für Haus beisteuern. An der Tafel werden die einzelnen Beiträge gesammelt. Es könnte ein Anschrieb wie folgt entstehen:

Wir nennen etwas Haus (etwas ist ein Haus) dann und nur dann, wenn es

– *aus Steinen gebaut ist,*
– *bewohnbar ist,*
– *ein Schrägdach hat,*
– *zwei Haustüren hat,*
– ...

Es ist nicht wichtig, ob die gesammelten Kriterien sinnvoll oder eher komisch sind. Es ist nun möglich die folgenden Überlegungen zu besprechen:

Was würde sich in unserem Leben ändern, wenn alle Wörter so oder in ähnlicher Weise festgelegt wären? (1. Was würde das für das Lernen der Wörter bedeuten? 2. Wie viele Wörter gäbe es dann im Vergleich zur heutigen Situation? 3. Wenn *Haus* so gebraucht würde: Wie viele Häuser gäbe es dann? 4. Welche Auswirkungen hätte eine solche Regelung für unsere Orientierung in der Welt?)

Regeln für die Wörter unserer Sprache sind ohne Planung entstanden und oft unsystematisch und unscharf. Es wird aber leicht begreiflich, dass sie etwas ungenau und unscharf sein müssen, um ihren Zweck zu erfüllen, nämlich die Welt in Gleichartiges zu gliedern und dabei über die jeweiligen Unterschiede der gleichartigen Dinge hinwegsehen zu lassen. Je genauer die Regeln sind, um so weniger Dinge fallen unter einen Prädikator. Je genauer die Regeln sind, desto unübersichtlicher wird die Welt. Eine wichtige Leistung der Sprache ist die Reduzierung der unendlich komplexen Welt auf eine überschaubare Gliederung in Typen von Gegenständen.

Die gewonnenen Einsichten lassen sich durch schriftliche Bearbeitung von **A12** (Wittgenstein, Begriffe mit verschwommenen Rändern) präzisieren und vertiefen. Die Arbeitshinweise sollten zu folgenden Einsichten führen: Das Wort *Spiel* ist für die Ungenauigkeit der Regeln ein typisches, wenn auch extremes Beispiel. Ähnlich wie bei anderen Prädikatoren lassen sich keine ganz genauen Bedingungen angeben, unter denen wir etwas ein Spiel nennen. Insofern ist *Spiel* ein typisches Beispiel. Bei den meisten Prädikatoren lassen sich jedoch für alle Anwendungsfälle geltende (ungenaue) Bedingungen angeben, unter denen wir die Prädikatoren zusprechen. Wir sagen zu jemandem *Junggeselle*, wenn er erwachsen, männlich und unverheiratet ist. Offen bleibt in gewissem Umfang dabei, wann jemand beispielsweise als erwachsen oder als männlich gelten kann. Für das Zusprechen von *Spiel* lassen sich dagegen keine solchen durchgängigen Anwendungsbedingungen finden. Weder ein Merkmal wie *unterhaltend* oder *Konkurrenz* noch *Hört mit Gewinnen oder Verlieren auf* gilt für alle Anwendungen von *Spiel*. Insofern ist die Ungenauigkeit bei diesem Wort extrem. Aber die Unschärfe ist es, die wir für die Gliederung der Welt brauchen. Ganz genaue Regeln wären wohl kaum zu lernen; wir bräuchten sonst eine Unzahl zusätzlicher Wörter (hier müssen die Schüler auf die Ergebnisse der vorausgegangenen zwei Stunden zurückgreifen).

A13–A15

Kommentar: Die Vorstellungstheorie der Bedeutung

Fachwissenschaftliche Orientierung

Die Quintessenz der Vorstellungstheorie lässt sich einfach zusammenfassen: Wir haben, ohne Sprache zu benutzen, Gedanken, Ideen oder Vorstellungen und können diese mit Sprache anderen vermitteln. Die sprachlichen Ausdrücke stehen für Begriffe, Gedanken, Ideen und Vorstellungen von den Dingen unserer Welt und erhalten dadurch ihre Bedeutung. Die Bedeutung eines Wortes besteht in der Vorstellung, der es zugeordnet ist. Sprache hat lediglich kommunikative, nicht jedoch kognitive Funktion.

In vielen linguistischen Einführungswerken und in Schulbüchern gilt bis heute dieses Kommunikationsmodell der Vorstellungstheorie: Ein Sprecher („Sender") will etwa die Vorstellung eines Hauses mitteilen. Entsprechend den von ihm gelernten sprachlichen Regeln kodiert er diese Vorstellung, indem er ihr den Ausdruck *Haus* zuordnet und *Haus* äußert. Der Gesprächspartner („Empfänger") entkodiert dagegen das gehörte Wort entsprechend den Regeln und ordnet für sich selbst wiederum die Vorstellung eines Hauses zu. Die Verständigung hat geklappt, wenn im Hörer die gewünschte Vorstellung hervorgerufen wurde.

Weil die Vorstellungstheorie dem gesunden Menschenverstand auf den ersten Blick so sehr zu entsprechen scheint, hat die Kritik an ihr mit entsprechendem Widerstand zu rechnen. Diese Plausibilität beruht auf der Beobachtung, dass wir uns häufig bei bestimmten Wörtern etwas vorstellen. Hören wir zum Beispiel einen Namen, so stellen wir uns das zugehörige Gesicht vor, hören wir das Wort *Wald*, so stellen wir uns häufig irgendeinen Wald vor. Auch hat die Vorstellungstheorie nicht die Probleme der Gegenstandstheorie. In *Er hat kein Haus* ist ja der Gegenstand Haus nicht da, so dass dieser Satz der Gegenstandstheorie zufolge keine Bedeutung hätte. Die Vorstellung eines Hauses jedoch kann auch ohne das materielle Vorhandensein eines entsprechenden Hauses existieren. So hat die Vorstellungstheorie auch keine Probleme mit Sätzen wie *Paula verbrannte seine Briefe* oder *Peter ist gestorben.* Obwohl die Briefe verbrannt sind und Peter verstorben ist, sind die entsprechenden Wörter nicht bedeutungslos, denn die Vorstellungen von den Dingen sind noch da und wir verstehen diese Sätze, weil wir den fraglichen Wörtern Vorstellungen zuordnen können.

Der erste Fehler der Vorstellungstheorie liegt in der Auffassung, dass gedankliche Inhalte bereits ohne Sprache gegeben sind und durch diese nur noch übermittelt werden müssen. Er hängt zusammen mit der Annahme, dass Wörter „etwas bedeuten". Dabei ordnet man dem Ausdruck etwas anderes zu, was als Bedeutung gilt. So werden Bedeutungen selbstständige Dinge, die auch ohne die sprachlichen Ausdrücke existieren, entweder als Gegenstände der materiellen Welt oder als gedankliche Gebilde im Geiste der Menschen. Eine Sprache beherrschen hieße der Vorstellungstheorie zufolge die Zuordnung der Wörter zu Vorstellungen kennen. Wittgenstein hat unermüdlich gegen die Ansicht gekämpft, dass die Bedeutung etwas außerhalb des Gebrauchs der Ausdrücke sei. Wörter werden nach bestimmten Regeln gebraucht, und wer die Regeln gelernt hat, weiß, was der andere mit dem Äußern bestimmter Wörter macht bzw. meint.

Der zweite Fehler besteht in dem Missverständnis, Vorstellungen, Ideen oder Ähnliches seien für das Verstehen von Äußerungen nötig und Kommunikation gelinge, wenn bzw. weil beim Gesprächspartner die entsprechenden Vorstellungen hervorgerufen würden. Dabei wird übersehen, dass Vorstellungen beim Ablauf einer Kommunikation nicht notwendig sind. Nehmen wir den Satz

(1) Kohls Haus ist einzigartig.

Welche Vorstellung haben wir beim Hören dieses Satzes? Handelt es sich um ein blaues, graues oder gelbes Haus, eines mit Schiefer- oder mit Ziegeldach? Hat das Haus in unserer Vorstellung ein Flachdach oder ein Steildach? Jeder kann eine andere Vorstellung haben und wir wüssten nie, inwieweit wir uns eigentlich verstehen. Man könnte einwenden, dass wir nur die Vorstellung vom Wesen eines Hauses haben müssten, also davon, was allen möglichen Häusern gemeinsam ist. Das Wesen des Hauses ist aber eine Abstraktionsleistung und wir können uns dieses Wesen nicht vorstellen. Und woher wüssten wir, was das Wesen eines Hauses ist, wenn wir nicht gelernt hätten, was in unserer Sprache als ein Haus zählt?

Beim Verstehen sprachlicher Ausdrücke spielen Vorstellungen keine Rolle. Wer schon einmal längere Zeit einem schnell sprechenden Redner zugehört hat, wird bestätigen, dass er sich als Zuhörer auf die Dauer gar nicht alles hätte schnell genug vorstellen können. Vorstellungen sind aber nicht nur unnötig, sondern manchmal auch bei bestem Bemühen unmöglich, wie die kursiv gesetzten Teile der folgenden Sätze zeigen:

(2) *Man* träumt *manchmal von runden Vierecken oder Vielecken mit tausend Seiten.*
(3) Er wagte *zu* widersprechen.
(4) *Es* schneit.
(5) *Opel* macht wieder Gewinn.
(6) *Die EU* ist ein Wahnsinn.
(7) *Ehrlichkeit* ist wichtig.

Wie soll man Vorstellungen von man, *manchmal, zu, es, rundes Viereck* oder *Vieleck mit tausend Seiten* haben? Wie kann man sich die Firma Opel vorstellen? Werkshallen, Büros, Montagebänder oder einzelne Autotypen dieser Marke? Wenn sich überhaupt jemand die Firma Opel vorstellen könnte, dann vielleicht einige Leute aus der Firmenleitung. Wie ist es aber zu erklären, dass der normale Zeitungsleser den Satz (5) versteht, obwohl er sicher keine entsprechenden Vorstellungen hat? Gleiches gilt für die EU. Was hat man sich darunter vorzustellen? Wenn wir (7) hören, so haben wir sicherlich gelernt, wann wir ein Verhalten als ehrlich bezeichnen, aber wie sollen wir dem Ausdruck *Ehrlichkeit* eine Vorstellung zuordnen können?

Ferner lässt sich die Bedeutung einer Äußerung als Sprechakt, z. B. als Bitte oder Befehl nicht im Rahmen

der Vorstellungstheorie erklären. Welche unterschiedlichen Vorstellungen sollen wir haben bei einer Bitte wie
(8) *Komm bitte!*
oder der Aufforderung
(9) *Komm!*
Wir verstehen eine Äußerung als Bitte oder Aufforderung, auch ohne dass ich dabei besondere Vorstellungen haben müsste.
Wittgenstein hat gezeigt, dass im Rahmen der Vorstellungstheorie der Spracherwerb des Kindes unerklärlich ist: Lernt ein Kind die Bedeutung einzelner Wörter, dann kann es nur nach äußeren Kriterien suchen, wie Erwachsene ein Wort verwenden. Es kann die Bedeutung der Wörter nicht mit Hilfe der Vorstellungen von Erwachsenen lernen, da diese ja in deren Geiste anzunehmen wären, zu dem kein unmittelbarer Zugang besteht. Das Kind sucht vielmehr die äußeren Bedingungen für das Zusprechen der Wörtern, es lernt die Regel für Wörter wie *tapfer* oder *feige* durch Beobachten der Bedingungen des Zusprechens und durch probeweises Verwenden. So lernt es, wann wir etwas als tapfer oder feige bezeichnen. Es hat keine Vorstellung davon und sieht auch nie angebliche Vorstellungen von Erwachsenen.
Mit der Vorstellungstheorie wird auch das auf ihr beruhende Kommunikationsmodell hinfällig. Ihm zufolge gibt es einen Kode, wonach wir Gedanken oder Vorstellungen in sprachliche Ausdrücke verschlüsseln beziehungsweise sprachliche Ausdrücke umgekehrt in Gedanken dekodieren. Es müsste also eine Art Übersetzungslexikon gegeben werden können, in dem den in der einen Spalte verzeichneten Vorstellungen in der anderen Spalte die entsprechenden Ausdrücke zugeordnet wären. Aber bei einem Kode werden üblicherweise nach einer allgemein geltenden Abbildungsregel die Elemente der einen Menge (Vorstellungen) den Elementen der anderen Menge (Wörter) zuordnet. Hier müsste aber für jedes Wort eine eigene Zuordnung angegeben werden. Doch nicht einmal dies gelingt. Denn in der Spalte „Vorstellungen" könnte nichts angegeben werden. Die dort verzeichneten Vorstellungen sind ja nicht ohne Wörter greifbar, die bereits in der anderen Spalte als Wörter verzeichnet sind. So kann der angebliche Kode nicht beschrieben werden.
Die Probleme der Vorstellungstheorie hören auf zu existieren, wenn man sich von der Annahme löst, dass Bedeutung etwas ist, was außerhalb der Sprache liege, dass das Denken außerhalb der Sprache vor sich gehe. Niemand würde auf den Gedanken kommen, dass wir kopfrechnen, z. B. multiplizieren, ohne die entsprechenden Zahlwörter zu benutzen. Aber beim übrigen Denken soll es ohne die Ausdrücke der Sprache gehen? Wir alle können beobachten , wie kleine Kinder lange Zeit nicht denken können ohne laut zu sprechen.Erst nach und nach lernen sie, auch ohne äußeres Sprechen (sprachlich) zu denken. Sieht man nun das Denken als eine nach innen gewandte Form des Sprechens, wird die ganze Kodiererei des Denkens in die Sprache überflüssig und die Probleme der Vorstellungstheorie entfallen. Und alle diese problematischen Ideen, Vorstellungen, Begriffe oder Gedanken sind nichts anderes als unsere prädikativen Einteilungsschemata, beruhend auf den Regeln für den Gebrauch unserer Prädikatoren.

Ziele

Die Schüler sollen
- das Kommunikationsmodell der Vorstellungstheorie beschreiben und ausprobieren;
- die Fehlannahmen der Vorstellungstheorie beschreiben und erklären;
- die unhaltbaren Vorannahmen des Kommunikationsmodells erkennen und kritisch bewerten.

Methoden und Ergebnisse

Die in diesem Arbeitsblatt zusammengefassten Materialien können nur Ausgangspunkt für einen Reflexionsprozess sein, den der Lehrer im Gespräch gegebenenfalls steuern muss.
Ausgehend von **A 13** wird in die Vorstellungstheorie und das auf ihr beruhende Kommunikationsmodell eingeführt. Anhand von **A 14, M 1** bis **A 15, M 1** soll diese Theorie dann kritisch hinterfragt werden. (Eine Vertiefung dieser kritischen Überlegungen bietet **A 15, M 2.**)

A 13: Der bekannteste Vertreter der Vorstellungstheorie ist John Locke. *Idee* ist für Locke gleichbedeutend mit *Vorstellung.* Zwar bedeutet *Idee* in der philosophischen Tradition (etwa bei Platon) ursprünglich etwas anderes (z. B. *Urbild*), aber nach einem Bedeutungswandel im 17. Jahrhundert gebrauchten Empirismus und Rationalismus *Idee* einheitlich im Sinne von *Vorstellung.* Unter einer *komplexen Idee* versteht Locke eine einheitliche Idee, die aus einfachen Ideen zusammengesetzt ist. Einfache Ideen, die nicht weiter zerlegt werden können, sind beispielsweise *hart, schwer* und *braun.* Aus solchen einfachen Ideen bildet der menschliche Verstand z. B. die komplexe Idee Stein, die aus diesen einfachen Ideen zusammengesetzt ist. *Komplexe Idee* bedeutet somit *zusammengesetzte Idee, die eine Einheit bildet.*
Die (schriftlichen) Antworten auf die Fragen 1 bis 4 ergeben aneinander gefügt einen fortlaufenden Text mit etwa folgendem Inhalt: „Die Vorstellungstheorie der Bedeutung: Die Funktion der Wörter ist es, die im Inneren der Menschen verborgenen Ideen (Vorstellungen, Gedanken) anderen mitzuteilen. Ein Wort ist vom Zuhörer im Sinne des Sprechenden verstanden, wenn der Zuhörer dem Wort dieselbe Vorstellung zuordnet wie der Sprecher. Wörter stehen für Ideen (Vorstellungen). Die Bedeutung eines Wortes ist die von dem Wort vertretene Vorstellung. Die Verknüpfung (Zuordnung) von Wort und Vorstellung ist nicht naturgegeben, sondern durch die Menschen willkürlich festgelegt (konventionell)."

Wie erwähnt, gehen die Grundannahmen der Vorstellungstheorie ein in ein weit verbreitetes, aber unhaltbares Kommunikationsmodell. Unter der Leitfrage *Wie funktioniert die Verständigung zwischen Sprecher und Hörer?*

werden die vermuteten Vorgänge von den Schülern in **A 14, M 1** eingezeichnet. Als Hilfe kann der folgende Text vorgelesen werden: „Der Sprecher will dem Hörer eine Vorstellung mitteilen; er fasst die Vorstellung in ein Wort und ordnet damit der Vorstellung ein Wort zu. Diesen Vorgang nennt man *Kodieren*. Der Sprecher äußert dann das Wort, das nach den Regeln der Sprachgemeinschaft für diese Vorstellung steht. Der Hörer ordnet nun ebenfalls diesem Wort eine Vorstellung zu. Diesen Vorgang nennt man *Dekodieren*. Gelingt dies, ist die Verständigung geglückt."

Das Modell scheint auf schlichte Weise Verständigungsprobleme bei der Kommunikation anschaulich machen zu können. Folgende Fragen lassen sich vordergründig klären:

1. Wann versteht der Zuhörer den Sprecher überhaupt nicht?
2. Wie kann es zu Missverständnissen in der Kommunikation kommen ?
3. Unter welchen Voraussetzungen gelingt die Verständigung völlig? Wann gelingt sie nur teilweise?

Ein völliges Unverständnis des Zuhörers tritt ein, wenn er dem gehörten Wort keine Vorstellung zuordnen kann, etwa, wenn er ein ihm völlig unbekanntes Fremdwort hört. Dagegen tritt ein völliges Missverständnis ein, wenn der Zuhörer irrtümlich oder aufgrund einer abweichenden Regel dem gehörten Ausdruck eine andere Vorstellung zuordnet (dieser Fehler kann natürlich auch vom Sprecher gemacht werden). Ein teilweises Verständnis (oder Missverständnis) tritt ein, wenn die Vorstellung des Sprechers und die Vorstellung des Zuhörers hinsichtlich der Äußerung nur teilweise übereinstimmen. Voraussetzung für das Gelingen der Verständigung sind folglich die gleichen Regeln für die Zuordnung von Wörtern und Vorstellungen.

A 14, M 2 : Trotz ihrer scheinbaren Plausibilität ist die Vorstellungstheorie nicht haltbar. Diese Einsicht soll den Schülern anhand von A 14, M 2 vermittelt werden.

1. Schritt: Der Vorstellungstheorie zufolge müssen wir beim Verstehen sprachlicher Ausdrücke bestimmte Vorstellungen haben. Diese Annahme wird an Satz (1) überprüft. Da bei diesem einfachen Satz normalerweise keine Verständnisschwierigkeiten auftreten, müssten alle Schüler den Wörtern von (1) entsprechende Vorstellungen zugeordnet haben. Sie sollen deshalb ihre Vorstellungen zu beschreiben versuchen, die sie mit dem Satzteil *Kohls Haus* verbinden. (Farbe, Form und besondere Eigenschaften des Hauses). Da erfahrungsgemäß entweder unterschiedliche oder gar keine Vorstellungen genannt werden, dürften die Schüler folglich den Grundannahmen der Vorstellungstheorie zufolge diesen Satz entgegen ihren eigenen Behauptungen entweder überhaupt nicht oder jeweils verschieden verstanden haben.

2. Schritt: An den Sätzen (2) bis (7) von A 14, M 1 wird deutlich, dass Vorstellungen häufig ganz fehlen, obwohl wir die fraglichen Wörter und Sätze verstehen. Die Schüler sollen die Vorstellungen in kurzer Form notieren, die sie beim Lesen der unterstrichenen Wörter haben. Wenn sie bei einigen Wörtern – wie erwartet – nichts notieren, sollen sie die Wörter aufschreiben, bei denen sich keine Vorstellungen einstellen. Es zeigt sich, dass wir bei vielen Wörtern keine oder keine eindeutigen Vorstellungen haben, obwohl wir sie doch verstehen. Dieses Problem der fehlenden Vorstellungen ist mit den Annahmen der Vorstellungstheorie nicht vereinbar, muss man doch nach ihr Vorstellungen haben, um einen Ausdruck zu verstehen.

3. Schritt: Eine Äußerung verstehen heißt auch, sie als sprachliche Handlung, als Sprechakt zu verstehen, also als Frage, Befehl, Bitte, Behauptung, usw. Auch mit den Sätzen (8) bis (11) auf A 14, M 1 werden Sprechakte gemacht. An ihnen können folgende Fragen diskutiert werden:

– Welche Sprechakte werden mit den Sätzen (8) und (9) gemacht? (Bitte, Befehl...?)
– Inwieweit unterscheiden sich die Vorstellungen beim Hören und Verstehen von (8) und (9)?
– Welche unterschiedlichen Vorstellungen ergeben sich bei (10) und (11)?

Als Resultat der Diskussion ist zu erwarten, dass man keine besonderen Vorstellungen haben muss, um einen Sprechakt als Sprechakt, eine Bitte als Bitte oder einen Befehl als Befehl zu verstehen. Um eine Frage als Frage zu verstehen, muss man vielmehr erkennen, dass der Sprecher etwas nicht weiß, aber wissen will. Man braucht dafür keine besonderen Vorstellungen.

Es empfiehlt sich, abschließend die an A 14, M 2 gefundenen Probleme der Vorstellungstheorie, dass nämlich die angeblich verständnisnotwendigen Vorstellungen entweder fehlen oder in ihrer Beiläufigkeit verscheiden sein können, in zusammengefasster Form schriftlich festzuhalten.

4. Schritt: Den Spracherwerb von Kindern kann die Vorstellungstheorie nicht erklären. In das Problem kann wie folgt eingeführt werden: „Ein Erwachsener äußert ein Wort. Zugleich verbindet er damit eine bestimmte Vorstellung. Das Kind hat beim Lernen der Sprache die sprachliche Äußerung mit der zugehörigen Vorstellung in Verbindung zu bringen. Wie gelingt es dem Kind diese Zuordnung herauszubekommen?"

Das Problem ist, dass Vorstellungen im Innern der Menschen verborgen sein müssten. Niemand kann diese Vorstellungen sehen oder zeigen. Ein Kind könnte somit nie herausfinden, welche Vorstellungen zu bestimmten sprachlichen Äußerungen gehören.

Es empfiehlt sich zur Klärung nochmals die Einsichten der Gebrauchstheorie anzusprechen. Unter der Leitfrage *Wie geht ein Kind vor, wenn es ein Wort wie rot lernt?* ist folgende Einsicht anzustreben: „Das Kind sucht, das Gemeinsame der verschiedenen Anwendungen des Wortes zu erkennen. Das, was allen Anwendungen des Wortes gemeinsam ist, kann man im Gegensatz zu Vorstellungen sehen, hören, usw. So erkennt das Kind, welche äußeren (!) Bedingungen Gegenstände erfüllen müssen, damit wir sie z. B. als *rote* Gegenstände bezeichnen."

Oft wird eingewandt, dass wir doch beim Hören bestimmter Wörter häufig bildhafte Vorstellungen haben. Solche Vorstellungen sind aber ein Nebenprodukt. Wir können uns nach dem Lernen der Wörter bestimmte

Dinge sicherlich auch vorstellen, z. B. Farben. Aber zeigt nicht gerade dieses Beispiel, dass es die Farben so in unserer bildlichen Vorstellung erst gibt, nachdem wir das Farbspektrum sprachlich eingeteilt haben? Und dies geschieht in verschiedenen Sprachen ja bekanntlich durchaus unterschiedlich. Außerdem zeigt uns das Beispiel vieler Wörter, bei denen wir diese Vorstellungen nicht haben, und der Vorgang des Spracherwerbs, dass Vorstellungen bei der Verwendung der Sprache nicht notwendig sind.

A 14, M 3 : Mit der Vorstellungstheorie der Bedeutung fällt auch das zugehörige Kommunikationsmodell. Nachdem eine einfache Form des Modells (an der Tafel oder mit Folie) in Erinnerung gerufen wurde, sind unter der Leitfrage *Was ist die Voraussetzung, dass sich Sprecher und Hörer richtig verstehen?* noch einmal die Voraussetzungen sprachlicher Verständigung im Rahmen dieses Modells zu wiederholen. Angeblich müssen Sprecher und Hörer denselben Kode beherrschen, um dieselbe Zuordnung zwischen den sprachlichen und den gedanklichen Einheiten herstellen zu können.
Bisher hat aber niemand diesen angeblichen Kode beschreiben können. Den Grund dafür kann jeder selbst herausfinden. Die Schüler werden aufgefordert in der rechten Spalte einzutragen, welche Vorstellungen zu den jeweiligen sprachlichen Einheiten entsprechend ihrem gelernten Kode zugeordnet werden müssen. Dies wird nicht gelingen und die Frage nach den Ursachen, wieso kein einziges Beispiel für den Kode anzugeben ist, führt zu folgenden Erklärungen:
- Vorstellungen lassen sich nicht unmittelbar zeigen;
- es sind nur Beschreibungen der Vorstellungen möglich. Es müsste also z. B. bei einem einfachen Prädikator wie *blau* in die rechte Spalte eingetragen werden *die Vorstellung von blau*;
- Diese Tautologie zeigt spätestens im Beispiel (4), dass Gedanken kaum außersprachlich möglich sind. Zumindest komplexere Vorstellungen und Gedanken sind erst sprachlich möglich und deshalb gar nicht erst in Sprache zu übersetzen.

Gegebenenfalls kann ein einleuchtendes Experiment die Einheit von Denken und Sprechen belegen:
Die Schüler werden aufgefordert, Satz (4) zu denken oder die entsprechende Vorstellung zu evozieren, ohne jedoch Wörter der Sprache zu verwenden. Da dies nicht gelingt, muss das Fazit lauten: Denken ist zumindest in seinen etwas komplexeren Formen eine Art inneren Sprechens. Eine Übersetzung der Gedanken in Sprache ist deshalb nicht möglich. Dagegen nimmt das Kommunikationsmodell vorsprachliche Gedanken an, die deshalb erst noch in die Sprache zu übersetzen sind. Solche außersprachlichen Gedanken oder Vorstellungen sind aber nicht nachweisbar. Sie sind außerdem zum Erlernen, Verstehen und Gebrauchen der Sprache überflüssig. Es kann auf sie getrost verzichtet werden.
Es empfiehlt sich, die Schüler diese Kritik am Kommunikationsmodell selbstständig formulieren zu lassen.

A 15, M 1 : Zur selbstständigen Wiederholung oder Leistungskontrolle: Die erste Aufgabe verlangt eine Beschreibung des Kommunikationsmodells, wie es anhand A 14, M 1 eingeführt wurde. Die Kritik an diesem der Vorstellungstheorie verpflichteten Modell wurde ausgehend von A 14, M 2 und A 14, M 3 erarbeitet. Die einzelnen Punkte können den diesbezüglichen Ausführungen entnommen werden.

A 15, M 2 : Die Lösung erfordert ein hohes Abstraktionsniveau. Locke ist ein Vertreter der Vorstellungstheorie. Danach hat jeder Mensch bestimmte Ideen oder Vorstellungen von den Dingen der Außenwelt. (Diese Ideen werden durch Wörter mitgeteilt und Wörter stehen für diese Ideen. Die Ideen können sich durch Erfahrung entwickeln.) Besonders wichtig ist, dass unsere Wahrnehmung der Dinge durch unsere Ideen von den Dingen bedingt ist. Wer eben eine verkürzte Idee von Gold hat, wird auch andere Dinge als Gold bezeichnen, etwa goldfarbene Federn im Schweif des Pfaues.
Dagegen erfolgt die Wahrnehmung der Welt nach Wittgenstein nicht entsprechend unseren Ideen, sondern danach, welche Sprache wir gelernt haben. Wir erkennen als rot die Gegenstände, die wir im Deutschen als rot gelten lassen. Und als rot zählen die Gegenstände, die die Bedingungen erfüllen, unter denen wir *rot* zusprechen (diese Bedingungen für das Zusprechen haben wir an verschiedenen Beispielen der richtigen Anwendung des Wortes *rot* während unseres Spracherwerbs erschlossen). Der Fehler Lockes besteht demzufolge vor allem darin, dass er unnötigerweise die Existenz von Vorstellungen annimmt, die weder nachweisbar noch zur Erklärung der Wahrnehmung und der Bedeutung sprachlicher Ausdrücke nötig sind. Locke bemerkt vor allem nicht, dass seine Vorstellungen und ihre Entwicklung nichts anderes sind als die durch unsere Wörter (Prädikatoren) gegebenen Einteilungen. Wir erwerben nicht Vorstellungen von den Dingen, sondern Regeln für den Gebrauch unserer Wörter. Und in dem Maße, indem wir etwa die Regel für *Gold* gelernt haben, gelingt uns auch die in unserer Sprachgemeinschaft als korrekt angesehene Wahrnehmung von Gold.

A16–A20

Kommentar: Sprache und Denken

Fachwissenschaftliche Orientierung

In A 13 bis A 15 wurde gezeigt, dass die Bedeutung der Wörter und Sätze nicht an bestimmte Vorstellungen gebunden ist, für welche die sprachlichen Ausdrücke stünden. Kommunikation ist nicht das Sichtbarmachen von im Innern der Menschen ablaufenden gedanklichen Vorgängen. Sprechen ist selbst ein geistiger Vorgang, Denken eine Art inneren Sprechens. Diese Einsichten sollen in diesem Kapitel ergänzt und vertieft werden.

Bis in die Neuzeit war es in der Philosophiegeschichte gängige und allseits akzeptierte Meinung, dass Denken kein vom Sprechen getrennter Vorgang ist. Platon, Hegel oder Kant gehen wie selbstverständlich von dieser Annahme aus (vgl. A 16, M 1). Erst im 20. Jahrhundert, als die neu entstehende Psychologie sich der Fragestellung bemächtigte, gab es kritische Einwände, in denen sprachunabhängiges Denken behauptetet wurde.
Hinweise auf die Sprachgebundenheit menschlichen Denkens bieten beispielsweise Beobachtungen bei Menschen mit Sprachdefekten. Ein historisch verbürgter Fall ist das Nürnberger Findelkind Kaspar Hauser, der bis zu seinem 16. Lebensjahr fast ohne menschlichen Kontakt aufgewachsen war und bei seinem Auffinden über nur 40 Wörter verfügte. Entsprechend war seine Wahrnehmungsfähigkeit eingeschränkt. Beispielsweise konnte er mit einem Messer bedroht werden ohne eine Gefahr zu ahnen, und da er nur im Besitz des Ausdruckes „Ross" war, nannte er jedes von ihm wahrgenommene Tier so. Die Sprachgebundenheit menschlichen Denkens beschreibt auch der Neurologe Oliver Sacks in seinem Umgang mit Gehörlosen, die allerdings im Gegensatz zu Kaspar Hauser im Besitz einer Sprache, nämlich der Gebärdensprache sind. Doch gerade hier zeigt sich, wenn etwa Gehörlose sogar im Schlaf ihre Hände bewegen – also in ihrem Sinne sprechen –, wie unterentwickelt kognitive Fähigkeiten beim Verlust einer Sprache sind.
In der philosophischen Argumentation war es vor allem Wittgenstein, der dem verbreiteten Vorurteil entgegentrat, dass das Denken (v. a. komplexeres Denken) ohne Sprache möglich sei, dass also Gedanken in der Sprache lediglich kommunikativ ausgedrückt würden.
Als Grund für diese Annahme wird häufig die Beobachtung angeführt, dass wir beim Sprechen oder Schreiben nach dem richtigen Ausdruck suchen. Unterstellt wird dabei, dass wir einen Gedanken schon hätten, nur noch nicht den in unserer Sprache dafür passenden Ausdruck. Denn wie wüssten wir sonst, dass die bisher versuchten Formulierungen noch nicht richtig zu dem Gedanken passen?
Diese Argumentation entpuppt sich schnell als ein Zirkelschluss, bei dem das zu Beweisende schon vorausgesetzt wird, dass wir nämlich den Gedanken schon hätten, weil wir nach einem Ausdruck suchen. Aber wir suchen nicht nach dem Ausdruck für den Gedanken, sondern für das zu Beschreibende. Haben wir den richtigen Ausdruck gefunden, erinnern wir uns, dass der hier zur Debatte stehende Sachverhalt so ist wie einer, für den wir diesen zutreffenden Ausdruck gelernt haben. Wir erkennen den bisher nicht recht klaren Sachverhalt als ein Anwendungsbeispiel für einen Ausdruck aus unserem Wortschatz. Die vorher durchgespielten Ausdrücke haben nicht richtig gepasst. Die zu erfassende und vorher noch nicht recht klare Situation ist nun zutreffend beschrieben. Sie stellt sich als ein Beispiel für ein sprachlich erworbenes Muster dar. In der Erwartung, dass wir über einen passenden Ausdruck verfügen, haben wir nach einem solchen gesucht.
Es kommt nicht darauf an, ob es sich um eine Beschreibung der physikalischen (und deshalb auch zusätzlich bildhaft vorstellbaren) Außenwelt oder um soziale oder abstrakte Sachverhalte handelt. Immer schauen wir gleichsam nach, für welchen Ausdruck die Bedingungen erfüllt sind, damit wir ihn zusprechen können. Wenn wir z. B. ein Verhalten als tapfer bezeichnen, dann halten wird die Bedingungen, die für den Prädikator *tapfer* in unserer Sprache gelten, für erfüllt. Wir haben nicht überprüft, ob das Wort auf den Gedanken, den wir angeblich hatten, zutrifft, sondern auf einen Ausschnitt der Wirklichkeit, der für uns dadurch klarer wird, dass wir ihn als einen Fall bestimmten Typs (hier: tapferes Verhalten) klassifizieren können. Es ist, wie wenn wir ein Farbmuster benutzen um eine Farbe zu identifizieren. (Vgl. auch die Ausführungen zu A 18, M 1)
Wittgenstein fragt, worin der Gedanke besteht, der angeblich vor dem richtigen Ausdruck da sein soll. Er meint, der Gedanke sei nur insofern da, als man ahne, dass der in Frage stehende Sachverhalt in der Sprache noch einen passenden Ausdruck finden werde. Er lässt sich jedenfalls nicht beschreiben, es lässt sich nichts über ihn sagen. Der Gedanke zu einem Satz wie *Die Inflationsrate gefährdet die Wechselkursrelationen* ist eben nur in einer Beschreibung wie *Die Inflationsrate gefährdet die Wechselkursrelationen* existent, aber nicht unabhängig davon. Davon kann sich jeder überzeugen, der diesen Gedanken einmal ohne die hier verwendeten Wörter oder überhaupt ohne Wörter zu denken versucht.

Ziele

Die Schüler sollen
- Denken als eine innere Form des Sprechens verstehen und erklären lernen.
- sich argumentativ mit Einwänden gegen diese Auffassung auseinander setzen.

Methoden und Ergebnisse

Das Arbeitsblatt **A 16, M 1** kann als Einstieg in die Problemstellung dienen und mit einer philosophiegeschichtlich geläufigen Position bekannt machen: Platon, Hegel und Kant gehen noch in unproblematischer Weise von einer Sprachgebundenheit menschlichen Denkens aus. Zu **A 16, M 2** kann mit einem kleinen Experiment übergeleitet werden: Die Schüler erhalten den Auftrag, das Klassenzimmer mit einem Wortschatz von höchstens fünf Wörtern, die sie selbst bestimmen können, zu beschreiben. Im Anschluss berichten sie über ihre Erfahrungen, die voraussichtlich dergestalt ausfallen, dass sie über eingeschränkte Beschreibungsmöglichkeiten klagen. Der gleiche Fall liegt mit Kaspar Hauser in **A 16, M 2** vor, das in stiller Einzelarbeit bearbeitet wird. Dabei sind die folgenden Ergebnisse anzusprechen: Auf unbekannte Dinge der Außenwelt, für deren Identifizierung und Einteilung er keine sprachlichen Zeichen besitzt, reagiert Kaspar Hausar mit Unverständnis, vergleichbar einem Tier oder einem Säugling. Eine Flamme sieht er nicht als gefährlich an, im Spiegel kann er sich nicht selbst erkennen. Er steht somit auf der untersten Stufe sinnlicher Wahrnehmung: Nur Dinge, die sich gleichsam natürlich aus der Umgebung hervorheben, etwa eine Flamme, nimmt er wahr. Dinge, die sich ähnlich oder weniger auffällig sind, werden von ihm nicht bemerkt. Differenzierter ist seine Wahrnehmung dort, wo er über sprachliche Zeichen verfügt. Mit dem Ausdruck „Ross“ kann er zumindest Tiere von anderem unterscheiden. Doch er kann innerhalb der Tierwelt nicht unterscheiden, etwa zwischen Hund, Pferd und Katze. Das Beispiel Kaspar Hauser zeigt die Bedeutung der Sprache für die differenzierte Wahrnehmung und Einteilung der Wirklichkeit.

Um diese Einsichten zu vertiefen und zu erweitern, wird A 17 in arbeitsteiliger Gruppenarbeit bearbeitet:
A 17, M 1 : Der Neurologe Oliver Sacks beschreibt in seinem Buch *Stumme Stimmen – Reise in die Welt der Gehörlosen* die Funktionsweise und Leistungsfähigkeit der Gebärdensprache gehörloser Menschen. Diese Gebärdensprache ist eine Sprache für sich, strukturell anders und deshalb nicht direkt übersetzbar z. B. ins Englische oder Deutsche. Gehörlose denken nach Auffassung von Sacks auch in dieser von ihnen als einziger erlernbaren Gebärdensprache. Ohne diese sind auch ihre kognitiven Fähigkeiten unterentwickelt.
Die im Textauszug beschriebenen Vorgänge zeigen die unauflösbare Einheit des Denkens und der Sprache, in der jeweils gedacht wird. Ältere Inselbewohner, die sowohl Englisch wie auch die Gebärdensprache beherrschen, wechseln des öfteren in letztere. Anscheinend ist das Gedachte für sie besser oder nur in dieser gegeben. Es liegt nahe, dass die jeweiligen in der Gebärdensprache möglichen Gedanken auch in dieser ausgedrückt werden. Denn eine Übersetzung in eine normale Sprache, das betont Sacks immer wieder, ist nicht oder nur teilweise möglich. (Ähnliches ist auch bei polyglotten Menschen zu beobachten, die einen bestimmten Inhalt bevorzugt in der einen Sprache, in der er vorkommt, ausdrücken können und deshalb spontan die Sprache wechseln.)
Die Einheit von Denken und der dazu verwendeten Sprache geht so weit, dass in Phasen des Träumens ganz spontan und willensmäßig nicht beeinflussbar zu der Sprache „gegriffen“ wird, in der die jeweiligen Inhalte gegeben sind.

A 17, M 2 : Die besonderen Leistungen der Gebärdensprache, ihre teilweisen kognitiven Vorzüge gegenüber normalen Lautsprachen werden deutlich, wenn eine normal Hörende wie Deborah H. zur Lösung von aus ihrer Sicht komplexen Problemen auf diese Sprache zurückgreift. Für sie ist es leichter in dieser für sie primären Sprache zu denken. Es ist in gewisser Weise ihre Muttersprache, die sie besser beherrscht oder in der ein Gedanke besser formulierbar ist.
Welche Bedeutung die Sprache, hier die Gebärdensprache, für die kognitive Entwicklung eines Menschen hat, zeigen neben vielen anderen die von Lurija und Judowitsch geschilderten Beispiele: Die hier beschriebenen Kinder sind wegen ihrer Gehörlosigkeit nicht in der Lage, die normale Sprache zu erwerben, obwohl sie wie alle gesunden Kinder das Potential in sich tragen, die Regeln der Sprache ihrer Umgebung zu erlernen. Entsprechend reduziert und primitiv sind in dieser Zeit auch ihre intellektuellen Funktionen. Kreativität, Abstraktion und Planung fehlen weitestgehend. Eine fundamentale Änderung tritt ein, sobald eine den Kindern trotz ihrer Behinderung zugängliche Sprache erworben wird, hier die Gehörlosensprache. Nun wird es möglich, Wirklichkeit nicht nur unmittelbar zu erleben, sondern zu reflektieren und in sprachlicher Abstraktion Möglichkeiten, die vom Gegebenen abweichen, durchzuspielen. Kurz gesagt, das meiste, was wir mit dem Wort *Intelligenz* bezeichnen, kann sich nun entfalten.

Die Arbeitsblätter A 18, M 1 und A 18, M 2 können als Leistungskontrolle oder zur vertiefenden Übung eingesetzt werden.

A 18, M 1 : Interessant mag sein, was Wittgenstein zu der Ansicht des französischen Politikers sagt: „Die Idee, dass eine Sprache eine Wortfolge haben kann, die der Reihenfolge des Denkens entspricht, im Gegensatz zu anderen Sprachen, rührt von der Auffassung her, dass das Denken vom Ausdruck der Gedanken getrennt vor sich geht; und ein wesentlich anderer Vorgang ist. (Niemand würde fragen, ob das schriftliche Multiplizieren zweier Zahlen im Dezimalsystem gleichläuft mit dem Gedanken der Multiplikation.)“ (L. Wittgenstein, Philosophische Grammatik, § 66)
Die französische Sprache ist in der fraglichen Hinsicht keinesfalls vor anderen Sprachen ausgezeichnet. Dies erscheint nur einem Franzosen so. Ebenso erscheint dem Engländer seine Muttersprache hervorgehoben, dem Chinesen die seine, usw. Die Wörter der Muttersprache stehen nur deshalb in der Reihenfolge, wie man denkt, weil man eben in der Muttersprache denkt. Dies ist genauso wenig überraschend wie die Feststellung, dass in jeder Sprache die Wörter in der Reihenfolge stehen, in der man spricht.
Vielleicht sollte der französische Politiker eine andere Sprache so genau lernen, dass er auch in dieser Sprache denken kann.

A 18, M 2 : Der Soldat vermochte Farben optisch wahrzunehmen. Er konnte sich auch an Farben, die er schon gesehen hatte, erinnern, etwa an die Farbe von Erdbeeren oder Kornblumen. Allerdings handelt es sich dabei um die Farben ganz bestimmter Gegenstände, nicht um unsere gegenstandsunabhängigen Farben bzw. Farbmuster. Der Soldat hat also einen ganz bestimmten Teil seiner Sprachkenntnisse verloren: Er „vergaß“ die Farbwörter und die Regeln, nach denen sie gebraucht werden. Mit den Regeln verlor er auch unsere Einteilung der Farben. Er kannte nicht mehr die Bedingungen, die ein Gegenstand erfüllen muss, um als Gegenstand mit einer bestimmten Farbe zu gelten. An diesem Fall kann eine doppelte Leistung der Sprache erkannt werden: Zum einen schaffen unsere regelgeleitet verwendeten Wörter (Prädikatoren) eine bestimmte Einteilung der Welt, hier der Farben, die sozial und nicht natürlich gegeben sind.

Ohne diese Wörter gebrauchen zu können, ist man nicht in der Lage, die gleiche Farbe an verschiedenen Dingen zu erkennen, da man ja nicht gelernt hat, was als gleich gilt.
Daneben ermöglicht uns die Sprache, Einzeldinge nach bestimmten Eigenschaften als Vorkommnisse des gleichen Typs einzuordnen, als Häuser, gelbe Gegenstände, als Handlungen eines bestimmten Typs, usw. Damit schafft uns die Sprache die Möglichkeit, die unüberschaubare Menge der Einzeldinge in eine überschaubare und für unsere Zwecke geeignete Ordnung zu bringen.

Mit Hilfe von Wittgensteins Sprachphilosophie wird abschließend gezeigt, dass es grundsätzlich unmöglich ist, ein Denken neben der Sprache nachzuweisen – auch wenn unser Sprachgebrauch dies nahelegt. Um Wittgensteins Argumentationsstrategie besser zu verstehen, sollten folgende Sätze unter der Fragestellung „Ist der verwendete Sprachgebrauch richtig?" und „Welche Auffassung über das Verhältnis von Sprache und Denken wird dadurch nahegelegt?" an die Tafel geschrieben werden:

- *Der Satz ist ein Ausdruck unserer Gedanken.*
- *Wenn ich etwas sage, schwebt mir bei manchen Wörtern eine bestimmte Bedeutung vor.*
- *Der Zweck der Sprache ist, Gedanken auszudrücken.*
- *Oft kann ich nicht den richtigen Ausdruck für das finden, was ich denke.*
- *Ich will etwas sagen, doch fehlen mir die Worte.*

Nach einer im Ergebnis offenen Diskussionen bearbeiten die Schüler **A 19**. Die zu erwartenden Ergebnisse sind in der fachwissenschaftlichen Orientierung beschrieben.

In **A 20** wird Wittgensteins Denken erläutert. Dieses Arbeitsblatt eignet sich als Wiederholungsübung in Form einer Hausaufgabe: Eike von Savigny setzt sich hier mit dem verbreiteten Vorurteil auseinander, dass bei Tätigkeiten wie dem Lesen oder dem bewussten Sprechen besondere geistige Vorgänge im Inneren abliefen. Wittgenstein zeigt in seinen Untersuchungen, dass beim Sprechen weder gleichzeitig noch kurz vorher ein inneres Denken abläuft. Es gibt keine begleitende geistige Komponente beim Sprechen, das Sprechen selbst ist der einzige geistige Vorgang, die einzige Handlung.
Bewusst sprechen heißt nicht, zwei Sachen tun, nämlich denken und auch noch sprechen, sondern auf eine bestimmte Weise zu sprechen.

A 21

Kommentar: Was ist Denken?

Fachwissenschaftliche Orientierung

Die im letzten Kapitel gewonnen Einsichten sind in der sprachwissenschaftlichen Literatur nicht allseits akzeptiert. Des öfteren ist die Behauptung zu finden, ein sprachfreies Denken lasse sich begründen. In diesem Zusammenhang wird häufig gefordert, vor der Klärung der Frage nach dem Verhältnis von Sprache und Denken die verwendeten Begriffe *Denken* und *Sprechen* eindeutig zu definieren. Mag es grundsätzlich durchaus richtig sein sich über den gemeinsamen Sprachgebrauch als Grundlage rationalen Diskurses vorab zu verständigen – die Mathematik etwa ist nur als definierende Wissenschaft möglich –, so können im Zusammenhang mit diesem Problem normative Definitionen das hier anstehende Problem nicht lösen.
Schwierigkeiten bereitet schon eine Definition von *Sprache.* Die umfassende Verwendung des Ausdrucks, etwa in *Bienensprache, Computersprache* oder *Sprache der Hände,* lässt sich noch mit dem Hinweis auf den metaphorischen Gebrauch dieser Beispiele einschränken. Sprache scheint so im eigentlichen Wortsinn natürliche menschliche Sprachen zu bezeichnen, also z. B. Englisch oder Deutsch. Von anderen Verständigungs- oder Zeichensystemen wird sie üblicherweise mit der Feststellung abgegrenzt, dass ihr eine finite, aber veränderbare Anzahl von Kombinationsregeln eigen und sie artikulierte Lautsprache ist. Ob diese Definition ausreicht, muss bezweifelt werden, führen wir mit diesem grammatischen System doch auch sprachliche Handlungen aus.
Der Ausdruck *Denken* ist weitaus schwieriger zu bestimmen. Bereits in der Umgangssprache ist ein vieldeutiger Gebrauch zu beobachten. So spricht man von *Konkurrenzdenken,* von *Wunschdenken,* von *Denksportaufgaben;* auch wird der Ausdruck im Sinne von Glauben („ich denke, dass...") oder Im-Bewusstsein-Haben („denk daran...", „ich denke an dich") gebraucht. Diese Vielfalt an Bedeutungen hat in den Fachwissenschaften zu der Überzeugung geführt, dass man sich von der Umgangssprache lösen müsse. Von Erfolg war diese Loslösung jedoch nicht gekrönt. In der Philosophie wird *Denken* mit Allgemeinbegriffen verbunden und der empirischen Wirklichkeit gegenübergestellt („Denken und Sein"). Daneben wird aber logisches Schlussfolgern und Verifizieren als Angelegenheit des Denkens gesehen. Noch unübersichtlicher wird der Terminus in der Psychologie gebraucht. Jede Entscheidung oder jeder Vorgang des Problemlösens wird hier als Akt des Denkens gesehen.
Das Scheitern fachwissenschaftlicher Bemühungen um eine angemessene Definition von *Denken* wird exemplarisch am Beispiel von Fritz Mauthner deutlich. Der zu Beginn des Jahrhunderts lebende, in seiner Zeit äußerst populäre Privatgelehrte und Sprachphilosoph, der mit seinem sprachkritischen Werk durchaus zu grundlegenden Einsichten kam, definiert Denken als einen Vergleich von Erinnerungszeichen, das demnach an Gedächtnis gebunden ist. Ausgehend von dieser Definition formuliert er die Frage nach der Sprachabhängigkeit des Denkens um: Besitzen wir ein Gedächtnis ohne Erinnerungszeichen? Da dies verneint werden muss, ist für Mauthner auch das Denken an sprachliche Zeichen gebunden, da Denken ja per denifitionem Gedächtnis und damit sprachliche Merkzeichen voraussetzt.
Mauthners Beweisverfahren ist nur schlüssig, wenn die zugrunde gelegte Definition, dass Denken ein Verglei-

chen von Erinnerungszeichen sei, akzeptiert wird. Diese Definition ist aber nicht besser und schlechter als jede andere. Die Frage nach dem Verhältnis von Sprache und Denken wird sie nicht lösen, sondern nur auf eine andere Ebene verlagern. Neuer Streitgegenstand wird sein, ob die aufgestellte Definition anwendbar ist und den relevanten Phänomenbereich umfasst. Beispielsweise wird der Psychologe einwenden, dass viele intelligente Leistungen im Bereich des Problemlösens mit dieser Definition nicht erfasst werden.

Fritz Mauthners Scheitern ist grundsätzlich und exemplarisch zugleich. Ludwig Wittgenstein hat deutlich gemacht, dass Definitionen bei der Frage nach dem Verhältnis von Denken und Sprechen mehr verwirren als klären. Wie in folgender Äußerung deutlich wird, ist für ihn dabei im Gegensatz zur Philosophie und Psychologie die Umgangssprache Ausgangspunkt: „Wenn die Philosophen ein Wort gebrauchen – ‚Wissen', ‚Sein', ‚Gegenstand', ‚Ich', ‚Satz', ‚Name' – und das Wesen des Dings zu erfassen trachten, muss man sich immer fragen: Wird denn dieses Wort in der Sprache, in der es seine Heimat hat, je tatsächlich so gebraucht? – Wir führen die Wörter von ihrer metaphysischen auf ihre alltägliche Verwendung zurück." (Philosophische Untersuchungen, § 116) Der Rückgriff auf die Umgangssprache ist insofern plausibel, als alle Argumente, sich davon lösen zu wollen, widersprüchlich sind: Gelingen nämlich diese Überzeugungsversuche, dann hat sich die Umgangssprache als tauglich erwiesen, weist also diese Eigenschaft auf, die ihr abgesprochen wurde.

Die Rückführung eines Wortes von seiner metaphyischen auf seine alltägliche Verwendung hat Wittgenstein am Beispiel von *Denken* zwar nirgends expliziert, doch gilt als gesichert (vgl. Michel Caillieux, Zur Frage „Was ist Denken?". Eine grammatische Betrachtung nach Wittgenstein, in: Gerd Simon/Erich Straßner (Hrsg.), Sprechen, Denken, Praxis, Weinheim/Basel 1979, S. 271–286), dass es für ihn darum geht, anhand von Beispielsätzen eine vollständige Antwort zu geben, wie wir diesen Ausdruck normalerweise verwenden. Solche Beispielsätze könnten sein:

(1) Das hast du dir so gedacht.
(2) Denk nach, bevor du redest.
(3) Lass ihn doch denken, was er will.
(4) Denk an deine Hausaufgabe.
(5) Denken kann man nur im Stillen.
(6) Wer denkt denn gleich Böses?
(7) Da musst du scharf nachdenken.
(8) Der Mensch denkt und Gott lenkt.
(9) Denk an den Tod!
(10) Da hilft nur Nachdenken.

Wenn beispielsweise in der Psychologie behauptet wird, *Denken* sei in erster Linie Problemlösen, so kann anhand dieser Liste diskutiert werden, ob diese Definition aufrechterhalten werden kann. Es zeigt sich, dass der Psychologe vielleicht nur auf die Beispielsätze (2), (5), (7) und (10) zurückgreift. Seine Definition ist somit eine unzulässige Verallgemeinerung und muss nach Wittgenstein zurückgewiesen werden: „Eine Hauptursache philosophischer Krankheit – einseitige Diät: man nährt sein Denken nur mit einer Art von Beispielen." (§ 593)

Die Liste zeigt also, dass die Verwendungsweise von *Denken* nicht eindeutig festgelegt ist, und damit erfüllt sie einen wichtigen Zweck: Wir erhalten zwar keine Antwort auf die Frage *Was ist Denken?*, wir gelangen aber zur Einsicht, „dass es darauf ankommt sich von der Frage zu lösen, nicht sie zu lösen" (a.a.O., S. 284). Was darunter zu verstehen ist, macht Wittgenstein am Beispiel einer Frage wie *Ist das Gesichtsbild des Baumes zusammengesetzt?* deutlich (vgl. A 21, M 3). Die Frage ist nur dann sinnvoll gestellt, wenn über den Ausdruck „zusammengesetzt" Klarheit herrscht. Auf der einen Seite können damit die Farben gemeint sein, auf der anderen Seite die Bestandteile Blatt, Zweig und Stamm. Sinnvoll fragen ließe sich nur, ob das Gesichtsbild des Baumes aus Farben zusammengesetzt ist. Andernfalls, wenn nach der Zusammensetzung schlechthin gefragt wird, muss die Frage als unbeantwortbar zurückgewiesen werden, weil hier der Ausdruck „zusammengesetzt" außerhalb der üblichen Gebrauchsregel verwendet wird.
Sich von einer Frage zu lösen heißt aber nicht, für das anstehende Problem keine Regeln des Sprachgebrauchs angeben zu können
Für den Ausdruck *Denken* lässt sich zwar keine alle möglichen Verwendungsweisen umfassende Regel nennen, das heißt, *Denken* wird nicht einheitlich gebraucht, analog etwa zu *Spiel* (vgl. A 14, M 2). Vielmehr kommt es darauf an, im jeweiligen Fall den genauen Gebrauch zu bestimmen, etwa *Denken* im Sinne von *Erinnern* oder *(ein Gesicht) bildhaft vorstellen* oder *ein Problem lösen* usw. In diesen Fällen lässt sich dann durchaus entscheiden, was Denken ist und ob die fraglichen Leistungen sprachfrei vollzogen wurde.

Methoden und Ergebnisse

Das Thema kann unmittelbar mit der Bearbeitung des Textes von Fritz Mauthner (**A 21, M 1**) begonnen werden. Mauthner versteht unter Sprache immer die augenblicklich gesprochenen Wörter oder Sätze. Nur diese hervorgebrachten Laute sind für ihn wirklich; „Sprache" hingegen ist nur ein Abstraktum. Bei seiner Definition von „Denken" geht er davon aus, dass unser Gedächtnis und unsere Erinnerung nur unter der Zuhilfenahme von Zeichen funktionieren. Denken ist dann ein Vergleichen dieser Erinnerungszeichen. Verblüffend einfach ist sein Lösungsvorschlag bei der Frage nach dem Verhältnis von Denken und Sprechen: Da Denken definitionsgemäß ein Vergleichen von Erinnerungszeichen ist, formuliert Mauthner die Frage nach der Sprachunabhängigkeit des Denkens um: Besitzen wir ein Gedächtnis ohne Erinnerungszeichen? Da dies verneint werden muss, ist auch das Denken an sprachliche Zeichen gebunden. Dieser Lösungsvorschlag hat aber einen entscheidenden Mangel:

Das Beweisverfahren ist abhängig von der zugrunde gelegten Definition, dass Denken ein Vergleichen von Erinnerungszeichen ist. Diese Definition wird nicht jedermann akzeptieren.
Mit dieser abschließenden Kritik kann zur Frage übergeleitet werden, ob es sinnvollere Definitionen gibt. Im Lehrervortrag kann das Definitionsproblem auf den Terminus *Denken* eingegrenzt werden, weil über den Ausdruck *Sprache* weitestgehend ein Konsens erreicht werden kann. Durch die stille schriftliche Bearbeitung von **A 21, M 2**, in dem mehrere plausible Definitionen, die jeweils für sich allein genommen unzureichend sind, vorgestellt werden, müssten folgende Definitionen und Zuordnungen (in Klammern gesetzt) genannt werden:

a) Denken im Sinne von Glauben (2)
b) Denken im Sinne von Im-Bewusstsein Haben (5)
c) Denken als Synonym für intelligente Leistung (8)
d) Denken als Erfassen von Wirklichkeit (1)
e) Denken als Schlussfolgern (9)
f) Denken als Erfassen von Axiomen (7)
g) Denken als Verifizieren (4)
h) Denken als kreative Entscheidung (6)
i) Denken als Problemlösung (3)

Die Schlussbesprechung müsste ergeben, dass die Vielzahl der Definitionen das Problem aufwirft, welche davon richtig ist. Da eine Entscheidung nicht möglich ist, kann das Problem von Sprache und Denken auf diesem Weg nicht gelöst werden.

Um die grundsätzliche Problematik dieses Lösungsweges zu verdeutlichen, werden abschließend Wittgensteins Äußerungen zu diesem Thema (**A 21, M 3**) besprochen. Nach Wittgenstein gebrauchen die Philosophen Wörter oft in einem der Alltagssprache entfremdeten Sinn. In einem ersten Schritt ist somit immer zu fragen, ob der metaphysische Gebrauch eines Wortes tatsächlich der alltäglichen Verwendung entspricht. Für den Ausdruck „Denken" darf man nicht auf eine Art innerer Seelenschau zurückgreifen, sondern auch hier müssen konkret die jeweils verschiedenen Verwendungsweisen des Wortes in der Alltagssprache analysiert werden. Philosophen machen in ihren Fragestellungen bisweilen den Fehler Wörter außerhalb ihrer üblichen Regeln zu verwenden. So darf z. B. nicht gefragt werden, ob ein Gegenstand schlechtweg zusammengesetzt ist, sondern nur, ob er aus bestimmten Bestandteilen (z. B. Blättern) zusammengesetzt ist. Zusammenfassend ergibt sich, dass auf diese Weise falsch gestellte philosophische Fragen grundsätzlich nicht beantwortbar sind. Entsprechend muss die Frage „Was ist Denken" zurückgewiesen und durch die Frage „Von welchem Denken ist hier konkret die Rede?" ersetzt werden.

A 22–A 30

Kommentar: Sprachunabhängigkeitstheorien

Fachwissenschaftliche Orientierung

Die Existenz eines sprachunabhängigen Denkens wird in der philosophischen und sprachwissenschaftlichen Literatur des öfteren behauptet. Meist sind die Sprachunabhängigkeits-Behauptungen Anlass für äußerst kontrovers geführte Diskussionen, die zu keinen allseits akzeptierten Lösungen führen.
Für die Existenz eines sprachunabhängigen Denkens am Beispiel des erwachsenen, sprachkompetenten Menschen gibt es in der Literatur einige plausibel wirkende Argumente, die aber meist in sich nicht zusammenhängend sind. Je nach wissenschaftlicher Herkunft, ob Mathematiker, Sprachwissenschaftler oder Psychologe, greifen die einzelnen Autoren auf unterschiedliche, speziell aus ihrem Fachbereich herrührende Phänomene zurück, die sie dennoch als repräsentativ ansehen: Wenn in einem speziellen Fall eine Denkleistung ohne Sprachbeteiligung nachgewiesen werden könne, sei der Schluss auf die grundsätzliche Sprachunabhängigkeit des Denkens erlaubt.
In erster Linie wird im Folgenden zu zeigen sein, dass keines dieser Argumente den Nachweis zu führen vermag, dass Denken ohne Beteiligung von Sprache möglich ist. In einem ersten Schritt wird der Grundgedanke der jeweiligen Argumentation dargestellt. Im Anschluss werden in ausführlicher Form Möglichkeiten aufgezeigt, wie die Sprachunabhängigkeits-Behauptungen zu kritisieren sind.

A 22

Klassifizieren ohne Sprache:

In der experimentellen Psychologie wurden in einer Vielzahl von Experimenten verschiedenen, zum Sprechen nicht fähigen Personen, etwa Taubstummen und Aphasikern, ausgesuchte Gegenstände vorgelegt, die sie nach bestimmten Kriterien sortieren mussten. Da in der Psychologie traditionell unter Begriffsbildung die Fähigkeit zum Klassifizieren verstanden wird und erfolgreiches Sortierverhalten eine abstrakt-begriffliche Leistung darstellt, belegen die Testergebnisse in den Augen vieler Psychologen die Sprachunabhängigkeit des begrifflichen Denkens.
Bei dem hier dargestellten Experiment wurden vier- bis sechsjährigen gehörlosen, noch nicht versprachlichten Kindern Gruppen gleichartiger Gegenstände vorgelegt. Mit Hilfe nonverbaler Instruktionen und Gesten, etwa durch Vormachen, wurden die Kinder angeleitet die Extremwerte der Gegenstandsgruppen zu bestimmen, etwa das größte und kleinste Objekt. In beinahe allen Fällen gelang das Sortieren ohne die Verwendung entsprechender verbaler Bezeichnungen.

Die Experimente wurden mit dem Ziel durchgeführt, die Sprachunabhängigkeit der in der Umgangssprache mit Ausdrücken wie *der Größte* oder *der Kleinste* verbundenen Denkleistung zu zeigen. Dies scheint zum Teil gelungen zu sein.
Allerdings sollten keine Schlüsse auf die grundsätzliche Sprachunabhängigkeit des Denkens gezogen werden. Auch im alltäglichen Leben lernen Kinder den Gebrauch von Wörtern, indem sie an Beispielen Regeln für das Zusprechen eines Wortes einüben, z. B. für *der, die, das Größte.* Das Kind hat die Regel für *der Größte* erfasst, wenn es das Gemeinsame aller größten Gegenstände erkannt hat, unabhängig von sonstigen wechselnden Eigenschaften wie Farbe, Form, usw. Auf eben diese Art lernen wir die Regeln für alle Wörter, die sich Gegenständen zu- oder absprechen lassen. Der Beweis für die Beherrschung der Regel besteht darin, dass das Kind das Wort *der (die, das) Größte* auf beliebige weitere Gegenstände richtig anwenden kann.
Die in den genannten Experimenten untersuchten Kinder sind demnach in der Lage Regeln in gewissem Umfang zu lernen, auch wenn sie das Wort explizit nicht hören oder sprechen können. Die Leistung ist dieselbe wie beim Spracherwerb. Auch hier muss das Sortieren als ein Handeln nach einer bestimmten sozialen Regel erst erlernt werden.
Wird aber damit die Sprachunabhängigkeit des Denkens bewiesen, dass einzelne Regeln auch ohne die zugehörigen Wörter beherrscht werden? Es erheben sich einige Einwände:
1. Unklar bleibt, ob die beschriebenen Größen-Operationen auch auf andere Gegenstandsbereiche übertragbar sind. Würden die Kinder etwa den sprachlichen Ausdruck *der Größte* beherrschen, müssten sie auch fähig sein, z. B. von sich „Ich bin der Größte" zu behaupten. Bei allen Experimenten bleibt aber offen, inwieweit die von den Kindern erfasste Regel auch auf andere Gegenstandsbereiche angewandt werden kann, inwieweit sie also wirklich vollständig beherrscht wird.
2. Offen bleibt, wie viele anderen Regeln ohne die entsprechenden Wörter erlernbar sind. Wie viele Unterscheidungen können überhaupt ohne Wörter erlernt werden? Was ist, wenn es um Dinge geht, die nicht in die Hand genommen werden, die sich nicht sortieren lassen? Wahrscheinlich bleibt die Einteilung der Welt in Dinge gleicher Art (gelbe, kleine, schöne Häuser, Bäume, etc.) bei „nicht versprachlichten" Personen auf wenige Unterscheidungen und Ausschnitte beschränkt, vor allem auf den konkreten Bereich. Abstrakte Begriffe wie *Staat, EU, Straßenverkehrsordnung* oder *multinationale Konzerne* sind mit den oben beschriebenen Experimenten nicht erlernbar. Die darin vollbrachten kognitiven Leistungen können somit auch nicht repräsentativ für das gesamte Denken sein; sie sind zu sehr auf den engen Bereich konkreter Anschauungen begrenzt.
In den Experimenten wird somit nicht die grundsätzliche Sprachunabhängigkeit des Denkens bewiesen, sondern nur die elementare vorsprachliche Fähigkeit der Kinder, bestimmte Regeln zu lernen. Dies muss auch so sein. Denn ohne diese grundlegende Fähigkeit wäre auch der in A 2 ff. beschriebene Spracherwerb nicht denkbar.

A23

Mehrsprachigkeit

Menschen, die verschiedene Sprachen beherrschen, ist unter Umständen in bestimmten Situationen nicht bewusst, in welcher Sprache sie augenblicklich denken oder gerade gedacht haben. Wenn es nun möglich ist, einen Gedanken in verschiedenen Sprachen zu formulieren, zeigt dies dann nicht ein zufälliges Verhältnis von Gedanken und sprachlichen Ausdrücken und damit die grundsätzliche Sprachunabhängigkeit des Denkens?
Habe ich als Deutscher Englisch gelernt, so kann ich mein Denken und Sprechen in eine andere Sprache übersetzen, bringe also mir ungewohnte Laute und Sprachzeichen hervor. Bin ich in der Übersetzung ungeübt, d.h. rede ich nur in Ausnahmefällen Englisch, denke aber weiterhin in Deutsch, dann sind Sprache und Denken natürlich getrennt, allerdings nicht im Sinne einer Sprachunabhängigkeit des Denkens. Getrennt sind nur meine deutschsprachigen Gedanken und die englische Sprache. So werden wir anfänglich ständig aus dem Deutschen ins Englische „übersetzen". In dem Maße der Aneignung einer Fremdsprache aber werden wir – wie jeder bestätigen wird – immer mehr in ihr reden und denken ohne den Umweg der Übersetzung aus der Muttersprache nehmen zu müssen. Es kann passieren, dass wir je nach Situation von einer Sprache in die andere fallen.
Doch zeigt dies nicht, wie die Vertreter der Sprachunabhängigkeit meinen, dass es sprachunabhängige Gedanken gibt, die nach Belieben in Deutsch oder Englisch ausgedrückt werden können. Vielmehr denkt der Sprecher in einem Augenblick deutsch, im nächsten vielleicht englisch, immer aber ist sein Denken an sprachliche Ausdrücke gebunden. Ein sprachfreies Denken jenseits der englischen oder deutschen Sprache, das einmal so, ein andermal so ausgedrückt werden kann, ist eine unwirkliche Abstraktion. Das sieht man unter anderem auch an den Nuancen, die jede Sprache bietet. Bestimmte Sachverhalte lassen sich ganz spezifisch nur in der einen Sprache ausdrücken und denken, lassen sich aber nicht völlig genau übersetzen. Sie sind eben nur in der einen Sprache da, beispielsweise *ésprit* im Französischen, *Gemütlichkeit* im Deutschen.
Wie kurzschlüssig das Argument der Mehrsprachigkeit ist, zeigt auch folgendes Gedankenexperiment: Wenn es möglich ist, von Individualsprachen wie Englisch oder Deutsch abzusehen, dann muss es auch möglich sein, von allen Einzelsprachen zu abstrahieren. Was ist dann mit meinen Gedanken? Existieren sie noch? Wenn ja, wie? Jeder kann nach einem bekannten Vorschlag Wittgensteins selbst probieren, ob er ohne die entsprechenden Zahlwörter die einfache Kopfrechnung $9 \times 12 = 108$ bewältigen kann.

A24

Identifizierendes Denken

Hoppe unternimmt den mehrstufigen Versuch, die Möglichkeit eines Denkens ohne sprachliche Ausdrücke nachzuweisen. Er stellt verschiedene, angeblich gleichbedeutende Ausdrücksgefüge nebeneinander, die alle „etwas Identisches" gemeinsam haben, nämlich einen bestimmten Zusammenhang von *Junge, Hund* und *füttern.* Bei allen Ausdrucksformen (selbst nach dem Einsetzen anderer Wörter) bleibe der Grundgedanke identisch, der darin bestehe, dass von einem x ein y ausgehe, das auf ein z gerichtet ist. Dieses Denken, das in allen Ausdrücken das Gemeinsame erkennt, nennt er das „identifizierende Denken". Es sei unabhängig von der jeweiligen sprachlichen Formulierung und den Wortinhalten und daher nicht mehr sprachlich modifiziert.
Die Schlussfolgerung auf ein vermeintlich vorsprachliches Denken entpuppt sich allerdings schnell als übereilt. Schon die angeblich bedeutungsgleichen Formulierungen sind lediglich bedeutungsverwandt. Sie werden jedoch unterschiedlich verwendet und sind ersichtlich nicht gleichbedeutend.
Hoppe gesteht auch zu, dass die jeweilige Füllung der Formel Getr△Ge△Gzl sprachabhängig bleibt. Eingangs hat Hoppe die einzelnen Variablen ja definiert, hat ihnen also eine Bedeutung und damit einen Wortinhalt zugesprochen. Denn die Unterscheidungen *Junge, Hund, füttern* sind doch in der Sprache eingeführt. Wie wüssten wir denn ohne unsere sprachlichen Einteilungen, was als Junge zählt (etwa im Unterschied zum jungen Mann), was als Füttern gilt (etwa im Unterschied zum Mästen) oder was als Hund zählt (etwa im Unterschied zum Wolf, Fuchs oder Hasen)?
Entscheidend ist jedoch, dass auch der von Hoppe behauptete strukturelle Zusammenhang, wie er in der Formel Getr △Ge △Gezl zum Ausdruck kommt, im Gegensatz zu seiner These nicht außersprachlich gegeben ist. Setzt man nämlich statt *füttern* das Wort *fehlen* ein, so bricht der ganze Zusammenhang (von einem x geht ein y aus das auf ein z gerichtet ist) zusammen. Denn wenn etwas fehlt, dann ist keine Aktion von ihm mehr auf etwas anderes gerichtet. Auch das Einsetzen anderer Wörter für *Getr,* z.B. *Auto,* würde den behaupteten Grundgedanken völlig zerstören.
Man sieht, dass auch die vermeintlichen propositionalen oder grammatischen Strukturen sprachlicher Natur sind. Welche Beziehung zwischen mehreren durch ein Prädikat verknüpften Argumenten (Gegenständen) besteht, wird durch nichts anderes als durch die Bedeutung des Prädikats ausgedrückt.
Darüber hinaus stellt sich auch noch die Frage, wie das sogenannte identifizierende Denken aussehen würde, wenn es nicht mehr nur um konkrete Objekte der Anschauung geht, sondern um Modalitäten und sogenannte abstrakte Gegenstände wie in den Sätzen *Vielleicht kann morgen erscheinen, was heute noch verborgen ist* oder *Aller Wahrscheinlichkeit nach sind die hier zur Debatte stehenden Überlegungen falsch.*

A25

Sprachverkürzungen

Der Wortschatz unserer Sprache ist mit einer Vielzahl von Abkürzungen, etwa *wg., GmbH, etc.,* und Satzverkürzungen, etwa *Geht in Ordnung, Macht nichts* durchsetzt. Einer erfolgreichen Kommunikation scheint dies nicht abträglich zu sein; nur selten kommt es deswegen zu Verständnisschwierigkeiten. Die Erklärung hierfür ist einfach: Der Hörer ergänzt gedanklich die Verkürzung des Ausdrucks. Für die Unabhängigkeitsbefürworter ist diese Erklärung zugleich ein Argument für ihre These: Die Ergänzung geschieht ohne Zeichenverwendung, ist also nichtsprachlich.
In vielen Fällen ist eine solche Folgerung von vornherein auszuschließen. Oft wird der gesamte Ausdruck nur um den Teil gekürzt, der semantisch redundant ist, wenn es etwa im Telegrammstil *Komme morgen* heißt. Ferner könnte die Verkürzung mit einer Erweiterung der Bedeutung einhergehen. So enthält beispielsweise der Ausdruck *etc.,* obwohl er eine Verkürzung darstellt, die vollständige Bedeutung.
Aber auch in Fällen, wo weder semantische Redundanz noch Bedeutungserweiterung vorliegt, ist der Schluss auf sprachunabhängige Gedanken nicht zulässig. Entscheidend ist, dass die Abkürzung den entsprechenden Ausdruck schon voraussetzt und zwar in seiner vollen Bedeutung bzw. in der Regel seines Gebrauchs. Erst danach kann die Abkürzung eingeführt und erlernt werden, also die Konvention, dass statt des normalen Ausdrucks die Abkürzung bedeutungsgleich verwendet werden kann. Eine Verkürzung kann nur der verstehen, dem der vollständige Ausdruck bekannt ist. Auf einen ähnlichen Aspekt weist auch Wygotski hin: Nur Menschen mit sehr engem und vertrautem Kontakt können auf der Basis einer verkürzten Sprache kommunizieren. Wenn wir also einen verkürzten Ausdruck oder einen verkürzten Sprachgebrauch verstehen, sind wir im Besitz des vollständigen Ausdrucks. Wir wissen, dass *z. B.* eigentlich *zum Beispiel* heißt. Warum sollte die Ergänzung sprachfrei erfolgen? Dieser Schluss wäre nur dann berechtigt, wenn Verkürzungen auch von dem verstanden werden können, der den ganzen Ausdruck nicht kennt. Dies ist aber nicht der Fall, wie die wohl für jedermann unverständliche Abkürzung *D. C. i. m. F. (Der Computer ist mein Freund)* zeigt, und so weisen auch Ausdrucksverkürzungen nicht auf sprachunabhängiges Denken hin.

A26

Bedeutungserfassung ohne sprachliche Äußerung

Im Bereich alltäglicher Kommunikation sieht es des öfteren so aus, als versuche ein Sprecher, einen Gedanken zu äußern, finde jedoch nicht die passenden Ausdrucksmittel. Der Hörer scheint ihn in gewisser Weise dennoch zu verstehen, weil er den Gedanken auch ohne die vollstän-

dige sprachliche Äußerung des Gegenübers erfasst. Für den Vertreter der Sprachunabhängigkeit des Denkens sind solche Beobachtungen schlagende Belege.
Diese Folgerung ist aus mehreren Gründen kurzschlüssig. Wenn der Rundfunkhörer nicht sagen kann, was er „denkt", also vergeblich nach dem richtigen Ausdruck sucht und nur unvollständige Sätze hervorbringt, dann ist dies ein Hinweis auf ebenso ungenaues und unfertiges Denken, nicht aber auf einen Gegensatz von Denken und Sprechen. Vielleicht hat der Hörer vor dem Gespräch die Gedanken schon vollständig ausformuliert, im Moment scheint er jedenfalls dazu zu aufgeregt oder unkonzentriert zu sein, um richtig denken bzw. sprechen zu können. Im vorliegenden Beispiel versteht der Moderator den Hörer eben doch nicht richtig, weil dieser sich nicht verständlich machen kann, keinen Gedanken formulieren kann. Es zeigt sich ja im Verlauf des Gesprächs immer mehr ein Missverständnis. Von einem Verstehen ohne Sprache kann also nicht die Rede sein.
Der Moderator kann die Redeabsicht nur erraten, wenn er die unvollständigen Sätze seines Gegenübers selbst hypothetisch ergänzt. Der Hörer könnte z. B. meinen, dass der Katalysator eingeführt, abgeschafft, verbessert etc. werden solle. Aus der aktuellen Diskussion kennt der Moderator wohl verschiedene Vorschläge. Aber seine Ergänzungen sind immer Ergänzungen in der Sprache. Weder Hörer noch Moderator können sie außerhalb einer Sprache denken.
Der Moderator hilft seinem Zuhörer beim Formulieren und beim Denken, indem er ihm verschiedene sprachliche Ausdrücke vorschlägt. Das Kommunikationsbeispiel des Textes verweist demnach an keiner Stelle auf das Vorhandensein sprachunabhängigen Denkens, formuliert doch der Gesprächspartner aufgrund von Vermutungen genau dies in Sprache, wozu sein Gegenüber momentan nicht fähig erscheint.

A27

Suche nach dem angemessenen Ausdruck

Wer kennt nicht aus eigener Erfahrung Situationen, in denen nicht nur sprichwörtlich die Worte fehlen? Ein Sinneseindruck, ein Gefühl oder ein Gedanke drängt sich auf, soll bewusst gemacht oder mitgeteilt werden, doch der passende Ausdruck, ein Wort oder eine Beschreibung, fehlt.
Für die Vertreter der Sprachunabhängigkeit bestätigen solche Erfahrungen das Vorhandensein eines nichtsprachlichen Denkens. In ihrer Argumentation setzen sie voraus, dass ein Sprecher den Gedanken, den er zum Ausdruck bringen will, bereits hat, dann verschiedene Formulierungen durchgeht und sie bewertet, ob ihre Bedeutung mit dem Gedanken übereinstimmt. Demnach muss es unabweisbar Gedanken geben, die nicht in sprachliche Form gekleidet sind und dem Ausdruck vorhergehen müssen, da eine solche Suche sonst unmöglich wäre.

Diese Überlegungen wirken auf den ersten Blick sehr überzeugend. Trotzdem verweist die Suche nach dem angemessenen Ausdruck nicht auf die Existenz sprachunabhängiger Gedanken. Ursache der Suche ist nicht die fehlende Beziehung von Denken und Sprechen, sondern der grundlegendere Gegensatz von Denken und Wirklichkeit. Wenn wir etwas sprachlich artikulieren wollen, verschaffen wir uns Klarheit über einen Ausschnitt der Wirklichkeit, wir bemühen uns also um eine bisher nicht geleistete Deutung bzw. Einordnung von Gegenständen oder Sachverhalten. Wo es gelungen ist, für einen Gedanken das treffende Wort zu finden, da wird nicht nachträglich zu dem vorsprachlichen Gedanken ein Ausdruck herbeigeschafft. Die erfolgreiche Suche zeigt nur, dass meine Gedanken bis dahin nicht prägnant genug waren. Die Suche nach Worten ist ein Bemühen um Klarheit sprachlichen Denkens.
Konkret sollten wir verschiedene Situationen unterscheiden: Es kann vorkommen, dass wir in eine bisher völlig unbekannte Situation oder Umgebung geraten, für deren Beschreibung uns einfach das Vokabular fehlt. Wir haben dafür keine sprachlichen Einteilungen erworben, deshalb fehlt uns nun die Orientierung. Ein Beispiel wäre der Gang durch eine futuristische Fabrikanlage oder eine Fantasy-Welt, wo uns für Einrichtung und Zweck jedes Verständnis fehlt. Wir können nicht einmal die Einzelheiten angemessen unterscheiden. Dies zeigt aber, dass wir für die Möglichkeit strukturierter Wirklichkeitswahrnehmung häufig sprachliche Einteilungsmuster brauchen. Das Erkennen der Einzelteile einer Fabrik ist uns mit Sicherheit nicht genetisch gegeben, wie das in anderen Bereichen unserer Wirklichkeitserfahrung durchaus vorkommen kann.
Ein anderer Fall ist gegeben, wenn wir etwas sehen (tatsächlich oder in der Erinnerung), und es fällt uns der Name oder die Bezeichnung nicht mehr ein. Hier ist der Gegenstand schon von anderen unterschieden, was meist auch sprachlich eingeübt wurde. Wenn uns der richtige Ausdruck fehlt, dann suchen wir immer einen, den wir schon einmal gelernt haben. Wir erinnern uns, dass es da einen passenden Ausdruck gibt. Durch ihn haben wir den fraglichen Sachverhalt immer schon als solchen unterschieden. Wir suchen also nur noch den lautlichen Ausdruck zu der (Unterscheidungs-) Regel, die wir gelernt haben.
Was für Anschauliches gilt, trifft auch für komplexe, abstrakte Gedanken zu. So weit und so lange wir etwas nicht ausdrücken können, können wir es auch nicht denken. Wir suchen nach dem passenden Ausdruck bereits im Bewusstsein, dass wir für Phänomene der fraglichen Art Unterscheidungen gelernt haben. Wenn wir den richtigen Ausdruck gefunden haben, dann ist uns eine Formulierung eingefallen, die wir an entsprechenden Beispielen gelernt haben. Und jetzt sehen wir, dass das fragliche „Etwas" von eben der Art ist, wofür wir den nunmehr gefundenen Ausdruck gelernt haben.
Die Suche nach dem angemessenen Ausdruck setzt demnach nur ein, wenn unsere Wirklichkeitsauffassung nicht klar genug ist, wenn wir also nach den sprachlichen Aus-

drücken oder sprachlichen Beschreibungen suchen, mit denen wir die fraglichen Ausschnitte der Wirklichkeit angemessen und richtig erfassen können.

A28

Neueinführung sprachlicher Ausdrücke

Die Entwicklung der einzelnen Wissenschaften, aber auch der Sprachfluss unserer Alltagssprache hat einen sich ständig vergrößernden Wortschatz zur Folge. Die neuen Wörter entstehen dabei auf vielfältige Weise. Oftmals handelt es sich nur um einen Bedeutungswandel, das Zeichen selbst bleibt bestehen. Daneben gibt es Fälle, in denen bei weitgehend konstanter Bedeutung ein Ausdruck an die Stelle des anderen tritt, wenn etwa *Backfisch* zu *Teenager* wird. Für den Problemkreis von Sprechen und Denken sind vor allem genuine Neuschöpfungen interessant, wenn also sowohl ein neues Zeichen als auch ein neuer Bedeutungsaspekt entsteht.
In solchen Neueinführungen sehen die Vertreter der Sprachunabhängigkeit eine Bestätigung ihrer Thesen: Der Neuschöpfung gehe angeblich ein sprachunabhängiges Erfassen des Inhalts voraus, wobei der sprachliche Ausdruck nicht beteiligt ist und eindeutig nachfolgt. Das populärste Argument in dieser Richtung stammt von dem Mathematiker van der Waerden. Auf Pascal zurückgreifend behauptet er, dass es grundsätzlich möglich sei, eine geometrische Figur ohne sprachliche Beteiligung zu konstruieren und sogar visuell wahrzunehmen. Erst nach erfolgter Konstruktion erhalte die Figur einen Namen und zwar zum Zwecke der Mitteilung eigener Forschungsergebnisse.
Van der Waerdens Unabhängigkeitsbehauptung stößt zwangsläufig auf heftige, zum Teil polemische Kritik. Gegen ihn wird ins Feld geführt, dass für die Konstruktion der geometrischen Figur bekannte Termini vorausgesetzt werden, etwa Linie, Punkt und Kreis. Der neue Ausdruck *Limacon* wird somit unter Verwendung anderer sprachlicher Ausdrücke eingeführt und definiert. Die Vorstellungen oder Gedankeninhalte, die mit ihm verbunden werden, sind demnach allesamt sprachlicher Natur, auf keinen Fall aber sprachunabhängige Gebilde. Gänzlich neu und nicht anknüpfend an Bekanntes ist allein der Name, doch dient er nur dazu, unser mathematisches Denken, in dem nun die neue Figur fester Bestandteil ist, zu vereinfachen und es ökonomischer zu gestalten. Er bezeichnet aber nicht, wie van der Waerden annimmt, eine bis dahin nichtsprachliche Vorstellung. Die Neueinführung sprachlicher Ausdrücke vollzieht sich demnach immer auf der Grundlage bereits definierter sprachlicher Ausdrücke. Der bis dahin nicht bezeichnete Gedankeninhalt ist auf keinen Fall nichtsprachlich. Vor der Neueinführung muss er eben mit Hilfe der Begriffe beschrieben werden, die danach etwa in *Limacon* implizit enthalten sind.
Ansatz zu berechtigter Polemik bietet vor allem van der Waerdens Diktion. So unterscheidet er eine „motorische" und „visuelle Vorstellung", die beide sprachunabhängig sein sollen, von einer „sprachlichen Vorstellung". Was ist aber eine unsprachliche Vorstellung? Wie kann ich mir ohne sprachliche Zeichen etwas vorstellen? Vor allem aber: Was ist das Unterscheidungskriterium der drei Vorstellungen? Um die motorische von der visuellen oder sogar von der sprachlichen Vorstellung zu unterscheiden, müssen Merkmale genannt, muss die jeweilige Vorstellung bezeichnet werden und dies geht nur mit Hilfe der Sprache.
Hinzu kommt eine irreführende Gleichsetzung von Sprache und Sprechen. Wenn van der Waerden behauptet, dass man „die Kurve für sich allein zeichnen und erforschen" kann, „ohne Mitteilungsabsicht", so versteht sich das von selbst. Van der Waerden sieht aber in der fehlenden Mitteilungsabsicht einen Beleg für die Sprachunabhängigkeit des Zeichnens und Forschens. Er schließt also vom Fehlen einer aktuell durchgeführten Sprechhandlung auf das Fehlen von Sprache und diese Schlussfolgerung ist unsinnig: Ich kann beispielsweise ein Gedicht ohne Mitteilungsabsicht schreiben. Doch niemand wird behaupten, die Verfertigung des Gedichts geschehe ohne Sprache.
Van der Waerdens Behauptung, dass „logische Zusammenhänge auch ohne Worte" angedeutet werden können, geht ebenso auf eine Verwechslung von Sprache und Sprechen zurück. Dergleichen Andeutungen sind nur von einem sprachkompetenten Hörer zu verstehen, der die fehlende Konjunktion in Gedanken ergänzt. Denkt man van der Waerdens Argumentation konsequent zu Ende, dann wäre jedes nicht gesprochene Wort automatisch ein sprachunabhängiges Wort.

A29

Kurze Dauer von Denkleistungen

Jedes laute oder stille Sprechen hat eine gewisse Dauer. Nun gibt es aber eine Reihe von Denkleistungen, die bedeutend kürzer sind als der äquivalente zeitliche Prozess des Sprechens. Im Text wird das alltägliche Beispiel eines Autofahrers genannt: In einer Gefahrensituation müssen diverse Überlegungen angestellt und lebensnotwendige Entscheidungen getroffen werden, die in der Kürze der zur Verfügung stehenden Zeit sprachlich nicht zu realisieren sind. Ein anderes Beispiel, das in die gleiche Richtung zielt, wäre die erfolgreiche und rasche Orientierung in der Umwelt: Weder Hemd, Hose oder Schlafanzug haben wir als Begriffe im Bewusstsein, dennoch liegen wir jeden Abend ordnungsgemäß im Bett. Oder: Springt ein Mensch über einen Graben oder ein Hindernis, muss zuvor Breite und Höhe gemessen sein; eine Tätigkeit, die anscheinend sprachlos geschieht und geschehen muss: Kein Hürdenläufer erzielt im Wettbewerb eine passable Zeit, wenn er vor jedem Hindernis zu einer Höhenmessung anhält.
All diese Beispiele verweisen angeblich auf Denkleistungen, die, komprimiert und kurz, ohne Beteiligung von Sprache vollzogen werden. Mehr noch: sprachliche Beteiligung ist in solch kurzer Zeit, oftmals im Bruchteil einer

Sekunde, hinderlich und für eine erfolgreiche Bewältigung der jeweiligen Situation von vornherein ausgeschlossen.
Die Befürworter der Sprachunabhängigkeit haben in einem Punkt sicherlich recht: Dergleichen Leistungen finden ohne Beteiligung der Sprache statt. Doch schütten sie, ohne es zu merken, das Kind mit dem Bade aus. Ein Denken im eigentlichen Sinn, ein angeblich sprachfreies Abwägen, ist ebenso wenig beteiligt. Die erfolgreiche Bewältigung dieser und ähnlicher Situationen gelingt auch ohne jede denkerische Überlegung.
Täglich steigen wir ins Bett und überqueren in unserem Leben eine Vielzahl von Hindernissen. Diese Handlungen sind vertraut und durch oftmalige Wiederholung eingeübt. Für ein Gelingen ist weder zur Vorbereitung noch zur Durchführung sprachliche oder gedankliche Reflexion vonnöten. Ebenso übersteht der erfahrene Autofahrer immer wieder Gefahrensituationen, allerdings nicht weil er besonders schnell und sprachfrei abwägt, wie der Text suggeriert. Gezielt eingesetztes Denken, ob nun sprachfrei oder sprachlich, ist nicht beteiligt. Vielmehr folgt er wie alle, die gleiche oder ähnliche Situationen zu bestehen haben, einem eingeübten Reiz-Reaktionsmuster. Der Vertrautheitseindruck wohlbekannter Situationen enthebt uns nämlich des Einsatzes bewusster Steuerungsmechanismen. Wohlgeübte und durch alltägliche Erfahrung bekannte Aktionen pflegen weitestgehend automatisiert abzulaufen, ohne dass irgendeine Form des Denkens nötig wäre.
Für den Anfänger stellt sich die Sachlage ganz anders dar. Wer zum ersten Mal ein Fahrzeug besteigt, muss jeden Handgriff bewusst ausüben, beispielsweise Kupplung treten und kommen lassen, muss im Straßenverkehr alle möglichen Gefahrensituationen bewusst abwägen und zwar sprachlich. Beispielsweise muss ein Anfänger auf einer Straße bewusst nach Vorfahrtsschildern Ausschau halten; sieht er diese nicht, muss er sich in Erinnerung rufen, dass rechts vor links gilt. Wer zum ersten Mal ein Hindernis überqueren will, misst zuvor Höhe und Breite in Gedanken, und zwar ebenso sprachlich. Sprachliche Beteiligung verschwindet erst, wenn die Handlung Routine ist, und mit der Sprache verschwindet das Denken. Das Beispiel des Anfängers zeigt also, dass der entscheidende Tatbestand, der von den Befürwortern der Sprachunabhängigkeit ins Feld geführt wird, nämlich die kurze Dauer von Denkleistungen, nicht als Nachweis für sprachfreies Denken dienen kann. Der Fahranfänger schleicht über die Straßen und die erste Gefahrensituation würde ohne Beistand des Fahrlehrers mit einem Unfall enden, weil eben die Zeit fehlt, um die nötigen sprachlichen Überlegungen anzustellen. Dort, wo Denkleistungen extrem kurz sind und nicht sprachlich ausgeführt werden können, sind sie zu Routinehandlungen geworden und im eigentlichen Sinne keine Denkleistungen mehr.

A30

Sachkohärentes Denken

Naturwissenschaftler sind anders als Geisteswissenschaftler bei ihrer Arbeit nicht ausschließlich auf umgangssprachliche Ausdrücke angewiesen. Der Physiker etwa bedient sich mathematischer Symbole als Hilfsmittel und kann sich auf diese Weise Sachverhalte und gegenständliche Strukturen, etwa das Atommodell, zu Bewusstsein bringen. Dieser Tatbestand hat bei den Vertretern der Sprachunabhängigkeit zur Überzeugung geführt, dass Naturwissenschaftler sprachfrei forschen und andere Denkleistungen vollbringen als der Geisteswissenschaftler. Diese Art des nichtsprachlichen Denkens nennt Kainz sachkohärentes Denkens. Als methodisches Instrument, es aufzuspüren, dienen ihm Befragung und Selbstzeugnisse von Naturwissenschaftlern, also die Introspektion.
Es mag sein, dass die einzelnen Naturwissenschaftler glauben, sprachfrei geforscht und untersucht zu haben. Ihre Selbsteinschätzung ist aber in den entscheidenden Punkten erheblich zu relativieren. Alle Naturwissenschaftler beherrschen eine Sprache. Wenn der im Text zitierte Feldherr einen Schlachtplan entwirft, so benötigt er für seine strategischen Überlegungen Begriffe wie etwa Tal, Berg oder Gelände. Als geübter Kriegsmann muss er sich diese natürlich nicht explizit ins Bewusstsein rufen. Sein tägliches Geschäft ist ja der Krieg und weil es Routine geworden ist, benötigt er anscheinend keine sprachlichen Überlegungen. Ähnliches gilt für die Arbeit des Naturwissenschaftlers: Der Eindruck sprachfreien Forschens kann nur entstehen, weil der Untersuchungsgegenstand bekannt und in alltäglichen Handlungen vertraut ist. Auch Neuentdeckungen vollziehen sich nicht sprachfrei. So ist beispielsweise das Auffinden der Röntgenstrahlen an bekannte, definierte Begriffe gebunden. Ein Wissenschaftler, der Ausdrücke wie Strahl oder Licht nicht beherrscht, hätte diese Entdeckung niemals machen können.
Ferner sind die für naturwissenschaftliche Theorien nötigen Diagramme und mathematischen Symbole Zeichen und damit eine bestimmte Form von Sprache. Naturwissenschaftliches Denken ist zwar nicht ausschließlich an den Gebrauch umgangssprachlicher Ausdrücke, aber dennoch an die Verwendung von Zeichen gebunden. Vor allem aber ist die Introspektion ein denkbar ungeeignetes Mittel zur Erhellung von Denkvorgängen. Woher nimmt Kainz die so unkritisch vorgetragene Gewissheit einer Erinnerungskorrektheit? Meist liegt zwischen angeblich sprachfreiem Forschen und Erinnerung ein zeitlich größerer Abstand und die von Kainz spezifisch in seinem Sinne angelegte Befragung kann die Erinnerungsspuren beeinflussen. Entscheidend ist aber, dass die Erinnerung sprachlich geschieht. Wird sich der Wissenschaftler nachträglich seiner Arbeit bewusst, beschreibt er ja nicht die ursprüngliche Problemsuche und Problemlösung, sondern vollzieht diese neu. Die Introspektion ist also in erster Linie eine Neuformulierung im Sinne einer Rekonstruktion, aber keine Beschreibung. Mag der For-

scher vielleicht aufrichtig überzeugt sein, sprachfrei geforscht zu haben, wenn er in der Befragung davon redet, bringt er diese vermeintlich sprachfreien Gedanken sprachlich zum Ausdruck. Er bleibt somit in die Sprache eingebunden und kann sie nicht hintergehen.

Ziele

Die Schüler sollen
- die wichtigsten Einwände gegen die Einheit von Sprache und Denken kennen lernen;
- sich auf der Grundlage der gewonnenen Einsichten kritisch mit diesen Sprachunabhängigkeitsbeweisen auseinanderzusetzen.

A 31–A 34

Kommentar: Sprache ist nicht alles

Didaktische Analyse

Sprache ist zwar bedeutsam für die strukturierte Wahrnehmung der physikalischen und sozialen Welt, es wäre jedoch unrichtig die biologische Determinierung des Erkennens (und auch Denkens) unangesprochen zu lassen. So erscheint die Realität zweifach „gebrochen“ bzw. interpretiert: Wir legen als biologische Wesen die Welt aus, und diese Daten stehen einer weiteren sozialen bzw. sprachlichen Interpretation offen.
Diese zweifache Filterung lässt es sehr problematisch erscheinen hinsichtlich unseres Weltbildes von objektiv erkennbarer Realität zu sprechen. Vielmehr erscheint diese, die von uns biologischen und sozialen Wesen erlebte Wirklichkeit, als in zweifacher Weise konstruiert .
Die Materialien dieses Arbeitsblattes sollen die der sprachlichen vorausgehende biologisch bedingte Interpretation ins Bewusstsein rücken.

Ziele

Die Schüler sollen
- erkennen, dass wir die Welt nicht objektiv erkennen, sondern interpretieren;
- erkennen, dass ein großer Teil unseres Weltbildes biologisch geprägt und festgelegt ist;
- die Entstehung und den Wahrheitsanspruch apriorischer Erkenntnisse erklären,
- Wirklichkeitserkenntnis als Zusammenspiel biologischer und sozialer (sprachlicher) Strukturierung bzw. Konstruktion beschreiben.

Ergebnisse

A 31 handelt von der Nicht-Objektivität der Wahrnehmung, insbesondere des Sehens. Eine nähere Betrachtung der Verarbeitung optischer Wahrnehmungen im Gehirn lässt erkennen, dass unsere Seherlebnisse kein Abbild der Außenwelt sind, sondern eine bis heute nicht ganz aufgeklärte Auslegung derselben.
Der naive Realist hat noch die Abbildqualität unserer Wahrnehmung angenommen, hat behauptet, dass wir die Welt so sehen, wie sie ist, und somit auch unsere Behauptungen jederzeit unmittelbar durch vereindeutigendes Nachsehen in der Welt überprüfen können.
Diese Position ist unhaltbar, weil wir von vorneherein nur einen (wahrscheinlich verschwindend) kleinen Ausschnitt der Wirklichkeit wahrnehmen und weil diese ausschnitthaften Wahrnehmungen in keiner Weise den Anspruch einer irgendwie gearteten Objektivität erheben können. Die Natur elektromagnetischer Wellen etwa und die Art, wie wir sie sensorisch erleben, haben keinerlei zwingenden Zusammenhang.
Das Höhlengleichnis Platons gibt die von der modernen Naturwissenschaft beschriebene Qualität unserer Sinneswahrnehmung treffend wieder: Wir sehen nicht die Dinge selbst, sondern nur die „Schatten“, also das, was unser Gehirn daraus für uns macht.
So könnte die anhand der vorausgehenden „Arbeitsblätter“ formulierte Annahme, dass wir die Welt sozial, insbesondere sprachlich konstruieren, plötzlich als falsch erscheinen. Nicht sprachlich, sondern biologisch erscheint nunmehr die Interpretation der Wirklichkeit festgelegt. Aber der vermeintliche Widerspruch löst sich schnell auf: Die sprachlich zu interpretierenden Wahrnehmungsdaten sind selbst schon Produkt einer vorgängigen Interpretation. Bezogen auf optische Wahrnehmung heißt das: Die Sprachgemeinschaft strukturiert die durch unsere Gehirne konstruierte Wirklichkeit noch einmal nach sozialen Gesichtspunkten. Oder in der Sprache Platons: Es sind die von unseren Gehirnen erzeugten „Schatten“, die wir sprachlich strukturieren, und das Endprodukt dieser doppelten Operation ist unsere Wirklichkeit.

A 32 geht der Frage nach, ob somit unsere Wirklichkeitserfahrung überhaupt einen Wahrheitsanspruch erheben kann. Seit Kant wissen wir, dass unsere Erkenntnisse weitgehend das Produkt apriorischer, also angeborener Anschauungsstrukturen sind. So erleben wir beispielsweise von vornherein und notwendigerweise alles in den Dimensionen des Raumes und der Zeit sowie in kausalen Zusammenhängen, ohne dass wir daraus ableiten könnten, dass diese Qualitäten zur Welt an sich gehören. Bleibt Kants Feststellung, dass uns die wahre Natur der Dinge an sich verschlossen bleiben muss, das letzte Wort? In A 32 wird diese Frage noch nicht beantwortet, sondern noch verschärft. Für Kant blieb unbeantwortbar, warum die angeborenen Vorurteilskategorien so unproblematisch auf die Welt „passen“, warum sie uns eine erfolgreiche Orientierung in dieser durch sie doch nur konstruierten Wirklichkeit ermöglichen.

Einsteins Entdeckungen, z. B. diejenige über die Konstanz der Lichtgeschwindigkeit, machten deutlich, dass die apriorischen Erkenntniskategorien zwar in allen Normalfällen des menschlichen Lebens, aber nicht grundsätzlich der Wirklichkeit angemessen sind.
So bleiben an dieser Stelle als Zwischenfazit drei Feststellungen: Wir erleben die Welt nicht als objektives Abbild, sondern wir konstruieren sie gemäß unseren angeborenen Erkenntniskategorien. Diese Konstruktion scheint aber auf rätselhafte Weise zu passen. In bestimmten Bereichen der Erkenntnis führen uns unsere apriorischen Annahmen aber in die Irre.

A33 erklärt, wie die angeborenen Erkenntnisstrukturen entstanden sind und welchen Wahrheitsanspruch sie erheben können. Das im Text beschriebene Experiment verdeutlicht, dass auch bei Tieren angeborene Vorstellungen die Wahrnehmung bestimmen. Der Hahn trägt das Bild seines Feindes vor jeder individuellen Lebenserfahrung in sich. Werden die entsprechenden Gehirnpartien künstlich aktiviert, „sieht" er den Angreifer tatsächlich vor sich und bekämpft ihn, obwohl dieser nicht wirklich vorhanden ist.
Das Wissen über die äußere Beschaffenheit seines potentiellen Feindes hat der Hahn nicht selbst lebensgeschichtlich erworben, es ist ererbt und somit gewissermaßen apriorisch. Gattungsgeschichtlich gesehen ist dieses Wissen jedoch das Resultat einer im Laufe der Evolution erfolgten Anpassung und es ist somit *a posteriori* in die Hühnerwelt gekommen.
Die Analogie zum Menschen liegt auf der Hand: Auch wir verfügen von vorneherein über ein angeborenes „Wissen", z. B. über die Möglichkeit kausaler Zusammenhänge. Diese Vorurteilsstruktur lässt uns keine Wahl, als die Welt auf ganz bestimmte Weise, nämlich unter anderem als kausal geordnet, zu erleben. Gattungsgeschichtlich ist dieses Wissen jedoch im Laufe der Evolution erst erworben worden durch selektive Anpassung an die Umweltbedingungen. Menschliche Wesen mit solchen Erkenntnisstrukturen waren erfolgreich an ihre Umgebung angepasst und haben dadurch überlebt, andere, die ein derartiges Vorwissen nicht in ihren Erbanlagen hatten, sind als unangepasste Arten untergegangen.
Wie der Überlebenserfolg der Gattung beweist, bilden unsere im Laufe der Gattungsgeschichte erworbenen Erkenntniskategorien die Welt in gewisser Weise angemessen ab. (Freilich sollte dieses Passen unserer angeborenen Vorurteile nicht, wie in A33 durch die Wortwahl nahe gelegt, als Abbildung verstanden werden. Vielmehr ist unser angeborenes Wissen eine erfolgreiche Konstruktion, mit der wir uns in der Welt gut zurechtfinden.)

In **A34** wird die Frage behandelt, inwieweit die angeborenen Informationen über die Umwelt zutreffend sind. Der Erfolg einer Art in der Evolutionsgeschichte ist lediglich ein Hinweis darauf, dass ihre angeborenen Konzepte zweckmäßig sind. Über einen irgendwie gearteten Wahrheitsanspruch ist damit nicht entschieden.
Am Beispiel der Zecke zeigt sich, dass ihr äußerst beschränktes Weltbild zum Zwecke des Überlebens ausreicht – es genügt, wenn sie von Lebewesen den Geruch von Buttersäure und Wärme erfasst, sonst nichts. Damit hat sie ein für den Fortbestand ihrer Gattung erfolgreiches und äußerst ökonomisches angeborenes Konzept, ohne dass sie die wirklichen Eigenschaften der von ihr heimgesuchten Warmblüter wahrheitsgetreu erfassen könnte.
Die in A34 beschriebenen Attrappenversuche lassen im Hinblick auf andere Tiere, etwa Hähne, dieselbe Funktionalität der angeborenen Informationen erkennen.
Obwohl Menschen mehr von der Welt erkennen als Hähne oder gar Zecken, liegen bei uns die Verhältnisse nicht wesentlich anders: Die Zweckmäßigkeit der Anpassung steht im Vordergrund und nicht die Frage der objektiven Richtigkeit der angeborenen Kategorien. Einsteins Theorie (wie auch etwa die Quantenphysik) zeigt, dass unser apriorisches Wissen die Welt lediglich im Hinblick auf das bisherige Überleben unserer Gattung, nicht jedoch auf eine irgendwie objektive Weise erfassen kann.